気づきに学ぶ
訪問リハの極意！

編著 宇田　薫（おもと会 クリニック安里）

三輪書店

執筆者一覧

〈編著〉

宇田　薫（クリニック安里訪問リハビリテーションセンター）

大浜第一病院訪問リハビリセンター　あめくの杜

虻川　智子
五月女麻紀
末吉　珠代
杉浦　尊紀
南部奈浦子
真栄城信吾（現：県立宮古病院）
山川明日香（現：大浜第一病院回復期）

大浜第二病院リハビリテーション科　訪問リハビリテーション

伊集　章（現：大浜第二病院入院リハ）
糸山太一郎
上里さくら
枝川　真美
神山　郁子
金城　直美
津嘉山寛太
長嶺　知里
野原ゆう子

介護老人保健施設ぎのわんおもと園　訪問リハビリぎのわんおもと園

井岡　有子（現：ぎのわんおもと園通所リハビリ）
髙嶺めぐみ
東恩納まい
宮良　大介

クリニック安里　訪問リハビリテーションセンター

上原智加子
宇田　薫
宇地原友里恵
瓦　えり子
照喜名なつき
濱元　寛子
宮里麻須美

序文

　本書は、3年前に出版した「失敗に学ぶ　訪問リハ裏御法度！」とは少し趣を変え、失敗というネガティブ要素が主となる場面だけではなく、「あっ！そうか！そうすればいいのか！」という前向きなポジティブの「気づき」の場面も多く集めてみた。訪問リハビリというサービスは、人と人とのかかわり合い（利用者とセラピスト、他サービス提供者とセラピストなど）のヒューマンサービスである。生き方、考え方、暮らし方などすべてが異なる者同士で行われるため、見逃してはいけないことに気づけないときがあるのは避けられないことである。しかし、見逃していたことに気づいた際には、その気づきから新たな展開を図るであろうし、図ろうとしないセラピストはいないと願う。

　今回はすべて、おもと会グループで訪問リハビリに携わるスタッフのみで執筆した。これらの気づきの中には管理者（筆者）からスタッフに対し「あのときの気づきのことを書いてほしい」と依頼したものも数点あり、「よく、数年も前のことを覚えていますね」という反応を示すスタッフもいたが、その気づきが、その後の自分のサービス提供の中で自然な形で生き続けているので鮮明に覚えているのである。

　このように本書は「たった一つの気づきが、多くの対象者へ影響を与えることになる」ということに気づいたため、文字として表現することで同じ訪問リハビリサービスに携わるセラピストにお届けできればと思い作成に至った。また、後半には「管理者編」をまとめてみたが、訪問リハビリ部門での管理業務に悩む若手の管理職の皆さんの肩の力が少し抜けて、管理する立場を楽しむ気持ちになっていただければ幸いである。

　そして読者の方に一点お願いがある。本書を読んでいただくことで「気づき」の重要性を感じてしまうと「自分が気づかなかったばかりに対象者に不利益が生じてしまった」と敏感に感じるようになる場面が増える可能性がある。そのときはどうかご自分を責めることなく、次のサービスにつなげるように気持ちを切り替えていただけるようお願いしたい。

　最後に、今回も編集室の小林美智氏に校正作業をお願いした。「気づき」という表現が難しいテーマを実にわかりやすく、かつ筆者が伝えたい訪問リハビリを理解しながら作業していただいただけでなく、前書の『失敗に学ぶ　訪問リハ裏御法度！』からの3年間の筆者自身の振り返りにつながる「気づき」もいただくなど、大変有意義な時間になったことに心より感謝申し上げる。

2014年3月末日

執筆者を代表して

宇田　薫

目次

スタッフ編

1. 私だってみられたくないのに…
   〜排泄物を何気なくみている私たち ……… 2
2. まだ知らせていないはずなのに… ……… 4
3. 魔人（マジムン）と言われ… ……… 6
4. 楽な起き上がり動作とは？〜本当にこの方法でいいのか！？ ……… 8
5. 指を噛んじゃって，申し訳ないなぁ…
   〜自分だけ頑張っていると思っていた ……… 10
6. こころが動けば，からだが動く！〜傾聴の大切さ ……… 12
7. 相談業務の大切さ〜生活の幅を拡大するために ……… 14
8. リハビリ拒否の裏側には…〜ご本人主体の重要性 ……… 16
9. 超プライベート情報〜どう申し送りますか ……… 18
10. まだ，何をしたいかわからない…
    〜訪問リハビリ経過における目標設定での気づき ……… 20
11. 自信をつけていくために…〜長期目標に目を向ける ……… 22
12. その人の存在が意味のあること ……… 24
13. 言葉でやりとりができた喜び
    〜発症後3年半経過した失語症者とのかかわり ……… 26
14. 同じ目線で食事がしたい！〜ご家族で食事をする楽しさ ……… 28
15. 提案することの大事さ…
    〜勝手な思い込みで選択肢を縮めてしまった ……… 30
16. 生活支援の共通認識って… ……… 32
17. どれを飲んでいいかわからない…
    〜いつのまにか退院されていた！ ……… 34
18. 「薬は飲みたくない」 ……… 36

- ⑲ 家族間（姉妹）での介護に対する考え方，危険に対する考え方の違い ー 38
- ⑳ 汚れているよね… ー 40
- ㉑ 自宅で過ごせることの安心感…〜誰にとっても通所がよいわけではない ー 42
- ㉒ 本人が「えいっ！」と思うとき〜本当はできる能力があったのに ー 44
- ㉓ 高齢者の家庭内での役割について ー 46
- ㉔ 進行性神経難病の方の目標設定と精神的サポート ー 48
- ㉕ 独居の方への体調管理の習得について〜回復期リハビリ病棟からの引き継ぎ ー 50
- ㉖ 利用者だけでなくご家族と話す時間も大切に〜実施計画書を通して感じたこと ー 52
- ㉗ 環境によって発揮できる能力に差が生じる ー 54
- ㉘ 「リハビリの内容が違う」〜療法士間の連携不足で起きたこと ー 56
- ㉙ 他施設（他職種）との連携の重要性〜口頭では伝わらない ー 58
- ㉚ あなたがいてくれたから歩けるようになったのよ ー 60
- ㉛ 「私，不安で…ちょっと家まで来てくれませんか？」 ー 62
- ㉜ 引き継ぎの大切さ〜入院時担当リハビリスタッフからの細やかな情報提供 ー 64
- ㉝ 今，大変な状況をどうにかしなければ！〜理学療法士も作ります ー 66
- ㉞ 緊急事態の対応方法〜救急搬送でつらい思いをされて ー 68
- ㉟ 片手でも自分でおしゃれを楽しみたい〜利用者の諦めに気づけなかった ー 70

管理者編

㊱ 無謀なスタッフたち〜でも，そのむちゃが好き ……… 74

㊲ 利用者さんって怒らないんだ〜遊び心いっぱいの訪問 ……… 76

㊳ そんな朝早くから訪問するの？ ……… 78

㊴ 気づこうとしていないわけではなく，気づかないだけ
〜気づくとすごい！ ……… 80

㊵ その笑顔には勝てません ……… 82

㊶ ひたむきさが他事業所のスタッフに伝わったとき ……… 84

㊷ 訪問リハビリスタッフはお話上手でなければならない！？ ……… 86

㊸ 弱音を吐かないスタッフたち… ……… 88

㊹ 故意的に仲間はずれをする管理者 ……… 90

㊺ 訪問リハビリサービスが終了しても思いは終わらない
〜すてきな年の重ね方 ……… 92

㊻ きれいな管理 ……… 94

㊼ 20歳の年齢の差が教えてくれたこと
〜40代の管理者と20代のスタッフ ……… 96

㊽ 遠距離仲間〜全国にいる兄さん、姉さん管理者 ……… 98

㊾ リーダーたちの実践！〜AKBみたいなチーム編成 ……… 100

㊿ 共感が成長する不思議な関係〜夫婦でも恋人でもないのに
：訪問リハビリに秘められた哲学 ……… 102

スタッフ編

スタッフ編

1 私だってみられたくないのに…
～排泄物を何気なくみている私たち

●● きっかけとなった場面（症例）

　50歳代，女性．沖縄型神経原性筋萎縮症．医療保険での訪問リハビリ利用．独居であるが，ヘルパーや友人の協力にて自宅でデスクワーク中心の自営業を営まれている．訪問リハビリでは「動作（自助具を含む）の工夫」「疲労しない工夫」「筋力や動作の評価」で介入している．

　ある日，「排泄後，水を流すレバーに手が届きにくくなってきた」と相談を受ける．いつも排泄後，便座に座ったまま，左肩関節を外旋するようにして，左後方にあるフラッシュレバー（水を流すレバー）を操作されていた．担当作業療法士も実際に行ってみたが，かなり努力を要する動作と判断したため「立ってから振り向いてレバーを操作すれば楽だから，立ってから流したらいいのではないですか？」と提案した．

●● 気づかされた言葉（場面）

　ご本人より「介助者がいるときに自分の排泄物をみられたくないです」と．

●● そのときのスタッフの心の中

　「そうだよね．自分の汚物をみられるなんて普通は嫌だよね．なんてデリカシーのない提案をしてしまったんだろう」

●● 気づかされた内容

　ご本人は，現在，一人でいる時間は，排泄後ズボンを上げる際に肌着をズボンの中に入れることに努力を要するため，介助者がいるときだけ，ズボンの中に肌着を入れることを手伝ってもらっている．その際には，座って水を流した後なので，介助者に排泄物をみられることはない．しかし，訪問リハビリスタッフが提案した，立ち上がってから水を流す方法をとると，介助者によってはご本人が立ち上がった瞬間にすぐに，介助に入ってくるかもしれないので介助者に排泄物がみられる可能性がある．また，仮に介助者を待たせておいたとしても，ズボンとパンツが膝部分に止まっている状態で，フラッシュレバーを操作するために立位で180℃回転することは転倒のリスクを伴う．

今まで，病棟勤務を含めれば，数え切れないほどの排泄訓練や排泄介助を行ってきた．その度に（ケースによっては排泄物の色や量の確認も必要であったが）何気なくその方の排泄物を目にしてきた．しかし，「自分の排泄物をみられたくない」というのはごく普通の訴えである．自分自身に置き換えてみても，当然のことであることに気づかされた瞬間であった．

●● 気づいてからの対応

フラッシュレバーに紐を取り付け，便座に座ったままその紐を引けばフラッシュレバーが動くように工夫し，今まで通り排泄物が他者の目に触れることがない排泄が継続できている．ご本人から「もう，あきらめないといけないかな？（排泄物を人にみられることも覚悟しないといけないかな？）と思っていたが，今回のように工夫できることはいろいろあるのがわかって，とても安心できた．ちょっと考えればできる工夫なんだけど，私たち素人には考えつかないなあ」という感想をいただき，私たちが何気なく介助していたり，提案していることをご本人が受け入れてくださったとしても「仕方なく受け入れていないか」「そうするしか仕方ないんだ」と思われていないかも確認しながら介入するようになった．

解説 　進行性疾患に限らず，今までと同じ方法で動作ができなくなったときに，新たな動作方法を考えるのは私たちの業務において日常的なことである．ADL活動の実用性の要素の一つに「社会性」があるが，今回は，その社会性について配慮ができていなかったことに気づかされた場面であった．何気ない提案が，とんでもない社会性を欠いていることがあるかもしれない．

「排泄物が入ったままのポータブルトイレが目の前にあるベッドサイドで食事をする」「汚れたベッドシーツのまま寝ている」「少し尿臭がするが，そのままリハビリを続ける」「浴衣タイプの病衣にて下肢の運動をするので下着がみえてしまう」「スリッパをはくと転倒する危険性があるので，トイレは裸足のまま入る」「玄関での靴の着脱が大変なので，家の中の椅子に座って，その場（家の中）で靴の着脱をする」

きっと一つぐらいは，自分の担当した（担当している）ケースに当てはまる経験があるのではないだろうか？　自分の大切な人でも，同じような場面を経験させることができるだろうか？　今一度振り返ってほしい．

スタッフ編

2 まだ知らせていないはずなのに…

●● きっかけとなった場面（症例）

　50歳代，男性．要支援2．ALS．介護保険での訪問リハビリを利用．母・弟と同居，支援者である兄は同敷地内で別棟にお住まいである．日中は母と二人で過ごされているが，母は80歳代の高齢とあって身辺介護は困難．現在，自己にて可能な動作や運動機能維持を目的に「疲労感の残らない程度での筋力訓練」「無理のない動作の考案」「環境調整」を主とした訪問リハビリの介入を行っている．

　3年前にALSと診断を受けるも母には伝えておらず．母は息子が病気を患っていることは知っているようだが，病気の進行により，今後どのような状態になるかまでは息子たちからはほとんど聞かされていない様子であった．

　現在は，両下肢筋力低下にて支持性はなく，歩行困難のため自宅内を移動する際は車いすを使用されている．ある日，息子の日中の過ごし方に母から「毎日ベッドで過ごして動きもしないさ．前は歩けていたんだから，たまには歩いて出てきたらいいのにね」と話があった．

●● 気づかされた言葉（場面）

　その場に居合わせていたケアマネジャーが「息子さんの病気は治らないですし，以前のように歩けるようになることはありません」と一言．母はショックを受け，動揺し固まってしまった．

●● そのときのスタッフの心の中

　「えぇーっ，まさかでしょ？　いや，いや，いや，担当ケアマネジャーのあなたが一番理解されていたはずだったし，それは伏せておくということになっていたのに…」

●● 気づかされた内容

　サービス開始前に情報収集されているはずのケアマネジャーが，母に状況を説明してしまった．何気なく発してしまった様子であったが，病気のことを母もご本人やご家族（兄弟など）から聞いていて，すでに知っていると思っていたとのことである．

　普段訪問している私たちでも，母との会話の中で病状を把握していない様子には気

スタッフ編

づいていた．また，そのことも訪問リハビリ開始前から情報としてケアマネジャー自身から伺っていたし，伝えるはずがないと思い込んでいた．「まさかのこと」が「起こり得る」ということに気づかされた場面であった．

●● 気づいてからの対応

事務所に戻ってすぐスタッフ全員に出来事を報告し，どのような対応をしたらよいかを相談．後日，訪問のうえ，ご本人やご家族（特に，母）の様子などの確認を行った．その後，ケアマネジャーへ電話連絡し，母には利用者ご本人からも病気についての話をされていないことを説明する．この時改めてケアマネジャーもそのことを認識し，以後，母との会話や説明の際には言葉に留意されている．

以降，現在訪問リハビリ介入中の方の情報を再度見直し，難病の方に限らず，病状や病態など誰がどのように病名を聞いているかの確認を行うようになった．また，新たに訪問リハビリの介入を検討しているケースの相談を受ける際や，サービス開始に当たり，サービス担当者会議などの話し合いの場において同様の確認を行うよう心がけるようになった．

解説 難病や進行性疾患の病状に限らず，がんや後遺症が残る場合など，誰が，どのように説明を受けているかによって，私たちコ・メディカルが対応する際の配慮は異なってくる．サービス開始前に情報収集を行っているものの，紙面で情報をいただくことも多く，今回のように，「担当のケアマネジャーだから利用者ご本人の母が病態を知らされていないことは把握しているであろう」と自分たちも思い込んでいた面は否めない．

サービス提供を行う中で，「あってはならぬが，起こり得ること」は多く存在するが，万が一，それが起こってしまった場合，起こしてしまったことを非難するのではなく，利用者のことを最優先に考えるべきであり，それに対し，自分たちの立場で何ができるのかを考え，速やかに対応できる姿勢が大切だと考える．いつ自分たちが「あってはならぬことを，起こしてしまう」側になるかもわからないことも忘れないようにしたい．

スタッフ編

3 魔人（マジムン）と言われ…

●● きっかけとなった場面（症例）

　90歳後半，女性．介護保険での訪問リハビリを約1年利用．訪問リハビリ開始当初は要支援2，現在要介護2．息子夫婦と同居．認知症による活動性の低下があり，廃用予防を主な目的にて訪問リハビリ開始となっている．

　最近では，約半年ほどで認知症が進行傾向であり，ご家族や訪問リハビリスタッフに対して「魔人（マジムン：沖縄の方言で『魔物の意』）が居てるから追い出しなさい」などの発言や「夜間徘徊し，家族を起こして回る」などの行為も頻回になってきている．また，相手を叩こうとする行為がサービス介入時に常時みられるようになる．訪問リハビリスタッフの介入が不穏のきっかけになっているときもあり，訪問時間帯（午後の時間帯）を30分〜1時間単位で変更したり，声かけの仕方などの工夫などを行ったりしていた．

　症状が悪化してきている時期には訪問リハビリスタッフの顔（表情だけでなく目や口など）に対する発言が多くなり，「目がきれいだね」と言われたすぐ後に「あんたの目が怖いよ」「マジムンがきたよ」などの発言に変わることもよくみられた．この時期には食事に対する要求も強くなり，調味料を食べたり台所の棚の中にあるものを手当たり次第口に入れたりと，異食行為も著明になってきていた．

●● 気づかされた言葉（場面）

　ご家族より「家族でもマスクをつけていたりするとマジムン呼ばわりされることもあるよ」「昼夜問わず，食べ物を探して徘徊したり，食事直後でも食べ物はないの？と聞きにきたりするよ」との言葉があった．

●● そのときのスタッフの心の中

　「ひょっとして，私のこのマスクがまずい？？？」

●● 気づかされた内容

　病院勤務時代からマスクの着用は当たり前だったため，つけていることを特に不自然と感じたことがなかった．ご家族の言葉から顔に対する発言が多いことに気づき，

時にはスタッフの顔を触ろうとしたりすることもあることに気づいた．さらに眼鏡を着用しているので，眼鏡を"めがね"として理解していないのではないかと考えた．認知症によりもし理解ができないのであれば，異物や人と違う顔の魔物がいると感じる可能性もある．

●● 気づいてからの対応

ご家族を交じえて精神科医と相談する中で，精神安定剤を昼食後にも服用しており食事直後は比較的おだやかに寝ているという情報が得られたため，満腹時間帯は不穏にならずに過ごしているのではないかと考え，昼食直後の時間帯に訪問時間を変更した．

また，訪問時の様子から，人の表情（顔）への反応が敏感であり，さらに食への執着も感じられたため，訪問時にはマスクや眼鏡を外し，昼食の話をすることで満足しているかどうかを確認した．また，話す声の大きさやスピードをご家族と同じようにするよう心がけると，日差変動はあるものの著明な不穏にならずリハビリの介入が可能となった．その後，比較的安定してリハビリの介入ができるようになった頃，確認のため"めがね"を着用して介入したところ，利用者の表情は少し硬くなり表情の変化を認めたため，今まで通りの方法（訪問時にはマスクや眼鏡を外す）で対応するようにした．

本ケースの経験後，すべてのサービス（医療，介護ともに）を拒否して寝たきり状態になった認知症状の強いケースに介入した際に，まず"何に反応するか，変化があるのか"のキーワードをより意識し会話や観察を行った．訪問時には会話を重視し，リハビリよるプラスの体感（痛みが減少したなど）を持っていただくことで，サービスの継続が可能となった．また，寝たきりながらも良い変化をご家族へ伝えることで，ご家族のご本人に対する対応や考え方を少しずつ変えていくことができた．

矯正眼鏡などは多くの人が使用経験がある身近なものであり，つけていることも普段は意識していないゆえに"めがね"を理解できないという感覚は抱いたことがなかった．マスクも同様である．

しかし，視覚認知障害を呈している認知症の人にとっては，局所的な認知よりも全体的な認知のほうが強く障害されているといわれており，視知覚機能（視力・視野・色覚など）は比較的保たれているが，頭頂側頭葉の空間認知や対象認知に機能低下が示唆され，眼鏡やマスクを着用することで全体の印象（顔という概念）が変化し，人の表情や感情をあらわす部位（目や口など）が見えない，わかりづらいことが認知症症状のある人を不安にさせることがある．認知症（を合併している）ケースへの介入時は，ついつい，記銘力・見当識などに重点を置きがちであるが，空間認知など他職種が気づきにくい部分は丁寧に評価する必要がある．

スタッフ編

4 楽な起き上がり動作とは？

~本当にこの方法でいいのか!?

●● きっかけとなった場面（症例）

　80歳代，女性．要介護2．大腸がん術後．介護保険での訪問リハビリを利用．息子ご家族と同居であるが，日中は独居に近い状況．訪問リハビリでは「下肢筋力強化」「基本的動作の安定性向上」「無理のない（痛みの出にくい）動作の提案」で介入している．

　訪問リハビリ開始時には腰痛・腹痛が強く，ベッドからの起き上がり動作にも介助が必要な状況であった．腰痛・腹痛の軽減や下肢筋力向上に伴い徐々に身体機能が向上し，室内歩行器にて歩行は自立レベルとなり，介護保険更新に伴い要介護2から要支援2へと変更となった．電動ベッド・スイングアーム付介助バー（以下，介助バー）を返却することになり，ご家族で市販のベッドを購入された．ベッドの左側にのみベッド柵をご家族が後付けされたところ，「起き上がりづらい」とご本人から相談を受ける．介助バーの代わりとなるように据え置き式手すりのレンタルを提案し導入した．

●● 気づかされた言葉（場面）

　据え置き式手すりを導入したが，実際に起き上がり動作を確認したところ，背臥位から側臥位をとらずに，背臥位のまま左手はベッド柵，右手は敷布団の右端をつかみ，まっすぐ起き上がろうとされた．

●● そのときのスタッフの心の中

　「えっ!? 起き上がりって普通，側臥位じゃないの？ 腰痛があるからまっすぐ起きたら腰が痛むんじゃない？ 据え置き式手すりのある方向に側臥位になってから起きたほうが楽なはずなのに…」

●● 気づかされた内容

　これまで起き上がり動作は，背臥位から側臥位に移り両下肢をベッドより降ろし，ベッド柵などを把持し起き上がるという方法で指導してきた．今回，術後残存していた腰痛・腹痛の訴えがあり，訪問リハビリでは座位や立位での運動が中心となり臥位をとることは拒否されていたため，寝返りや起き上がり動作が可能かどうか，口頭の

みの確認にとどまり実際には動作訓練をしていなかった．ご本人に確認したところ，まっすぐ起き上がることで腰痛・腹痛は生じるが，側臥位をとることで腹痛がさらに増強されるため大変とのことであった．側臥位から起き上がるよりは，まっすぐ起き上がったほうがまだ楽との理由から，この起き上がり方法となっていることがわかった．

教科書的な起き上がり方法の指導や環境調整ではなく，ご本人の実際の起き上がり場面を確認すべきだったと改めて気づかされた瞬間であった．

●● 気づいてからの対応

ご本人の起き上がり方法だとベッドの両側に把持物があったほうが起き上がりやすいため，ベッドの横に壁がある右側にベッド柵を，空間に余裕がある左側に据え置き式手すりを設置．これまで通りの起き上がり方法が継続でき，ご本人からも起き上がりがしやすくなったとの言葉があった．

本ケース以降，福祉用具の導入や動作指導などを行う際には，ご本人が実際に行っている動作を必ず確認すること，またご家族からも情報収集しご本人にとってより良い方法は何かを常に考えるようにしている．

後日，他ケースにて福祉用具の検討についてのサービス担当者会議が開催された．ベッドからポータブルトイレへの移乗に際し，実際の移乗方法を確認，使用しているベストポジションバーの位置を変えるのみで，追加レンタルすることなく移乗動作が安定した．今回の経験が生かされたケースだと感じている．

日常的に行われているご本人なりの動作（今回は起き上がり）を実際に確認できていなかったことで問題が生じてしまうことがある．「一人でできている」とご本人が訴えても，セラピストがイメージしている動作方法とは限らないため，実際に動作を確認することは大事な作業である．実際の現状を確認すると，セラピストが思い込んでいる「普通の方法」ではないことも多い．ご本人が拒否していれば動作を確認することが困難であったり，頼みづらい側面もあるが，その際は，セラピスト自身でデモンストレーションしてみたり，ご本人やご家族に確認しておくことで，問題が生じる前に福祉用具の導入，環境調整，動作指導，介護指導などがスムーズに行われると考える．

訪問リハビリ以外の時間をどのように過ごされているのかを確認すること，知る意味は大きい．

スタッフ編

5 指を噛んじゃって，申し訳ないなあ…
～自分だけ頑張っていると思っていた

●● きっかけとなった場面（症例）

　50代，女性．多系統萎縮症でADL全介助，要介護5．もともと訪問リハビリは理学療法士のみの介入であったが，徐々に嚥下機能が低下してきたため，嚥下機能維持や誤嚥性肺炎予防の目的で言語聴覚士も介入するに至る．

　介入当初は経口摂取で栄養を取っており水分と薬のみ胃瘻を使用していたが，徐々に経口摂取では栄養を取れなくなり，経口摂取はプリンなどのお楽しみ程度となった．また発声も徐々に困難となり，コミュニケーションは，わずかなうなずきや瞬きを利用して行うようになっていた．

　口や舌の可動域が低下し開口幅が狭いため，訪問リハビリスタッフが介助しながらご本人に動かしていただく必要があった．訪問リハビリスタッフの指がかろうじて入る幅であったため，舌の動きを介助する際は少し噛まれている状態であった．しかし，『口を開ける・舌を動かす』運動は嚥下機能にとって重要であり，なおかつ口腔内へ指を入れることで外側からの介助よりも若干開口幅が大きくなること，また噛まれているとはいえ，痛みはなかったことから，介入当初からそのままその方法を続けていた．

　経験上，歯磨き（歯ブラシを近づける）しながらのほうが開口しやすくなり，開口幅が大きくなることを知ってはいたものの，この方法は個人的には最終手段のような意味合いで使用しており，方法を変えることはご本人と夫に疾患の進行を感じさせてしまうのではないかとの心配もあった．噛まれながらの方法でもどうにか口や舌の運動は行えているし，訪問リハビリスタッフ自身が指を噛まれているのをがまんすればよいのだと思っていた．

　そんなある日，夫から「疲れてしまうようなので，口の中へ指を入れる運動は行わないでほしい」との話があったため，その日はその運動は行わなかった．しかし，1週間後，夫から「あの運動を行わないと口が開かずプリンを食べられなかったので，やっぱり行ってほしい」との話があった．そこで訪問リハビリスタッフは，歯磨きをしながら行う運動を提案し実際に行ってみたところ，開口幅は大きく舌の運動も行いやすかった．

> スタッフ編

●● 気づかされた言葉（場面）

歯磨きをしながら行う運動を実際に行った後，ご本人に「歯ブラシのほうが口を開けやすいですか？」と尋ねると苦笑しながら頷いた．

●● そのときのスタッフの心の中

「そりゃそうですよね～」

●● 気づかされた内容

訪問リハビリスタッフ自身は指を噛まれながらも自分は頑張っている！ と思い込んでいたが，訪問リハビリスタッフの指を噛んでしまっている利用者も訪問リハビリスタッフ以上に頑張っており，かつ，気まずい思いをしていたことは，あの苦笑をみるとまちがいなさそうである．優しい方なので，訪問リハビリスタッフの頑張りを感じてご自身も頑張ってくださり，見かねた夫が一度はプログラムの中止を申し出たのだといえる．

ご本人はもっと楽な方法があるとは知る由もなく，また自分の意思を伝えにくい場合もあり，訪問リハビリスタッフ側がもっと配慮してさまざまな方法を提案すべきであった．

●● 気づいてからの対応

本ケースと行う口や舌の運動は，すべて歯ブラシを使用しながらの方法に切り替えた．そのことによって劇的な変化があらわれたわけではなく，舌の可動域は徐々に低下してきているが，開口幅は比較的保たれており，現在のところ誤嚥性肺炎も発症していない．

本ケース経験以後，他のケースにおいても早めにその方法を提案するようにしている．

 **解説** セラピストが利用者のために頑張るのは当たり前だが，頑張るだけでは良いサービスが提供できているとはかぎらない．反対にセラピストにとって楽な方法だからといって，不十分なリハビリサービスの提供になるとは限らない．そしてまた，利用者に気を遣わせてしまうほどの頑張りは，利用者の反応や能力を十分に引き出せない結果になるであろう．

利用者の気持ちも考えながら，お互いにとって良い方法を選択していくことが重要である．セラピストの「頑張り」は必要であるが，「一緒に頑張ったときの結果」「頑張れば次につながるという事実」を互いに確認できる状況を作ることが大事である．

11

スタッフ編

6 こころが動けば，からだが動く！
～傾聴の大切さ

●● きっかけとなった場面（症例）

　50歳代，女性．要支援2．家族構成は長女と孫2人の4名の同居生活．病前は体力系の仕事をバリバリこなし，さらに娘が帰宅するまで幼い孫の面倒をみながら家事全般を行っていた．脳卒中にて右片麻痺を発症．さらに入院中に抑うつ状態が出現しうつ病と診断される．身体の麻痺は見た目にはほとんどわからない程度に回復されるもしびれや痛みが続き，再発に対する恐怖感や娘・孫との共同生活に対する不安感を抱えた中での自宅退院となる．

　退院1カ月後，「上肢のしびれや肩の痛みが強い．再発への不安感から一人のときの入浴や外出が行えない．家事もできていない．いずれは復職をしたい．自主トレーニングを指導してほしい」などの希望にてケアマネジャーから依頼があり，訪問リハビリを週2回の開始となった．

　介入当初，「肩が痛い．腕もしびれて力が入りにくいの．足が重くて引っかかる」などの訴えが多く表情も暗い印象を受けた．まずは，自主トレーニング指導を中心に介入し，徐々に家事動作練習へ展開を図ろうと考えた．自主トレーニングはこちらが提案した運動以外にもご本人自身でさまざまに追加し，積極的に行えているようにみえた．しかし，それから1カ月経過しても訴えに変化はみられなかった．

　2カ月経過した頃，他愛ない話をしながら上肢のマッサージをしていると，「退院までにはもっと良くなると思っていたのに」「同居している娘にうつ病のこと，身体の麻痺のことをわかってもらえない．家事や孫の面倒，運転，復職もやらないといけないのに気持ちが沈んで，身体も重くて何もできない」とぽつりぽつりと心の内をもらしてくれた．

●● 気づかされた言葉（場面）

　ご本人の話からは，娘に病気を理解して受け入れてもらえないことのつらさ，思うように生活ができていないことへの焦りや不安，自分自身の人生を悲観する気持ちを抱えていることが感じられた．その日のリハビリはマッサージをしながら話を聞くことのみであったが，終了後，ご本人からは「ありがとう」という言葉があり，表情がややすっきりし動作も少しスムーズになった印象を受けた．

●● そのときのスタッフの心の中

「気持ちが軽くなると，身体も動きやすくなるんだー」

●● 気づかされた内容

訪問リハビリスタッフとしては「マッサージをして話を聞くだけでリハビリが終わっちゃった…．これでリハビリになっているのかな…」と不安もあった．しかし，その日，初めてご本人の表情や言葉から満足感が感じられたことで，思い切ってマッサージをしながらご本人の話を傾聴する時間も必要なのだと気づいた．そして，3カ月経過した頃より，徐々に表情に変化があらわれ始めた．

●● 気づいてからの対応

傾聴の際には，ご本人の話を受け入れ尊重することを心がけた．たとえ能力的には可能な活動であっても，精神的に負担に感じている活動に関しては，ご本人の希望に合わせつつ負荷量の調整を提案していった．訪問リハビリスタッフが焦って課題を進めたり決めたりするのではなく，ご本人のタイミングがきたときに良い方向に働くようにアシストするように関わった．

自主トレーニングに関しては，こちらが提案した以上にやりすぎているために，肩の痛みにつながっていることがわかり，休憩の仕方を提案し運動量の調整を行うことで徐々に改善がみられた．家事に関しても完璧を目指すあまり，思うようにできないことにいら立ちを感じている様子であったが，訪問リハビリスタッフから「○○さんは，十分頑張っていますよ．今は体も心も休める時期ですよ〜」と現状で，ご本人が無理なく行える範囲の家事を一緒に検討していった．するとご本人から「食事は配食サービスを利用しようと思うけど，どうかな？」などの変化がみられた．

5カ月経過した頃，ご本人より「最近，楽しいっていう気持ちが戻ってきたみたい．運転もできるようになって，外出することが気晴らしになっている．仕事も今の自分に合ったところをゆっくり考えたい．リハビリを週1回に減らしてみようと思う」と話があり，さらに7カ月経過した頃，「気持ちも安定してきている．リハビリを卒業しようと思う．もう大丈夫よ」と笑顔で話された．

解説 「○○を目標に頑張りましょう．自主トレーニングを頑張って」と目標を決め，それを達成するための作業課題を提供し，身体機能の向上を図りつつ，環境調整をしながら生活範囲の拡大を図っていくことが多い．しかし一方で，時にはプログラムにこだわらずにご本人の話に耳を傾け，変化のタイミングを見逃さずに正のフィードバックを繰り返していくことで，気持ちが前向きになり持っている能力を引き出すことにつながることもある．

スタッフ編

7 相談業務の大切さ

〜生活の幅を拡大するために

●● きっかけとなった場面（症例）

　60歳代，女性．多系統萎縮症．医療保険よる訪問リハビリ．夫と子どもの3人暮らし．在宅生活において，日中は椅座位での生活であり活動性低下が認められる．移動手段は車いすを押しての歩行を見守りにて実施している．移動に関しては「転倒が怖いから」と動きたくないという訴えがある．そのため，排泄と就寝時の寝室への移動以外は歩行機会がない状況である．他のサービスは利用せず（以前は介護保険にてデイサービスを利用していたが，介護保険の利用に積極的になれず，現在は訪問リハビリ以外利用していない），訪問リハビリでは環境調整と移動手段の確立を目標に介入している．

　ある日，ご家族より「入浴サービスを利用したいが，経済的に厳しいのでどうにかできないか」と相談を受ける．特定疾患に該当していたため，保健所や市役所に相談してみるように助言した．

●● 気づかされた言葉（場面）

　その6カ月後にケアマネジャーの介入や他のサービスの利用を開始したが，その時にはご本人の動作能力は相談を受けた時期よりも低下しており，立ち上がりや歩行は介助レベルになっていた．ご家族より「大変だったけどいろいろ調べてようやく介護保険サービスを利用できるようになった」との声が聞かれた．

●● そのときのスタッフの心の中

「もっと私が早く対応して，行政に相談してあげればよかったな…」

●● 気づかされた内容

　サービス開始から6カ月間，ご家族は仕事と介護のかたわら身体障害者手帳の取得や等級の変更のため，いくつもの公的機関に何度も足を運び苦労したことや，ケアマネジャーとのやりとりに負担感があったことなどから，訪問リハビリスタッフからもっと早く具体的な提案を行い行政に相談していたら，少しでも早い時期から，ご家族，ご本人ともに生活が充実し，より楽に生活を送れていたのではないかと感じた．

介護保険サービス申請や身体障害者手帳の取得（重度心身障害者医療費助成申請）においては，市役所への問い合わせが必要である．制度の利用について相談業務を密に実施していれば円滑にサービスの利用ができ，動作能力の低下は防げたかもしれない．例えば，多種の公的制度申請の期間中に訪問看護ステーションを用いての入浴介助サービスを一時的に利用し，「動く機会」を増大させるなどの対応が必要であったと考える．

●● 気づいてからの対応

　問診や相談業務を密に取り行うことにより，現在，移動は福祉用具を用いて自立している．また，家事をやりたいなどの生活に対するモチベーション向上も得られている．この気づきをきっかけに，社会保障制度にも関心を持ち，不明な点は公的機関や上司へ相談するようになった．ご家族から制度について相談された際には「公的機関に相談してみては？」との促しではなく，「医療費を抑えたいのであれば重度心身障害者医療費助成が利用できるかもしれません．その場合○○の公的機関に相談してみては？」と，具体的な内容での相談，案内を実施するように心がけている．

　例えば，神経難病によりコミュニケーション能力が低下し，ジェスチャーでの手段を用いているご家族より「他のコミュニケーション手段がないか探しているけど，どうしていいかわからない」との相談があった場合には，その地域を管轄している保健所担当者への連絡・調整を行うことで，さまざまなコミュニケーション機器の評価・導入が実施できている．それにより，相談できる相手を増やし，ご家族，ご本人の不安をやわらげたりQOLの向上につながっていると考える．

解説　利用者の中には，ケアマネジャーや相談員が担当としてついていないケースも多々存在する．多種多様な医療制度をご家族が理解することはたやすくないと考えられる．生活支援をしていく訪問リハビリスタッフが公的制度を知っておけば「○○の相談は○○へ」「手続きや受けた説明の理解が難しい場合，わかりやすく改めて説明して差し上げる」などの支援ができる．また，手続き状況の経過をみながら他のサービスとの連携を調整し，さらなるQOLの向上を目指していくことも可能となる．

スタッフ編

8 リハビリ拒否の裏側には…
〜ご本人主体の重要性

●● きっかけとなった場面（症例）

　50歳代，男性．脳梗塞後遺症，脊髄腫瘍による四肢麻痺．介護保険を用いての訪問リハビリを利用．要介護2，他サービスは訪問看護を利用している．両親と3人暮らしであるが口論が多い．病前の性格はがんこな面もあったが，他者との交流を好む性格であったとご家族より伺う．現在のご本人は，パーソナルスペースが非常に広く，他者を寄せつけず無口で個性が強い印象．以前は通所系サービスを利用（その際，訪問リハビリは利用していない）していたものの，送迎車への昇降が難しくなったことに加え通所が合わないという理由から現在は利用していない．訪問リハビリは，再度，通所系サービスへの利用へつなげるため，移乗動作の能力改善を目標に介入を実施した．

　当初は，ご本人が積極的にリハビリに取り組まれない状況であったため，世間話や訪問リハビリスタッフ自身の紹介をしながらご本人との関係作りを意識した介入を行っていた．ある日，「本当は歩けるようになりたいんだけどね．どうせ立てないし危ないからだめって言うのでしょ」との発言があり，そのとき，ようやく訪問リハビリスタッフに心をひらきかけていると判断し，ご本人の意向に添うように下肢の支持性向上を目的に歩行練習をプログラムとして取り入れ，移乗動作の安定を目指した．歩行練習の際，安全確保のために歩いているご本人の後ろに車いすをつける役目を両親に依頼した．結果，両親とのコミュニケーションが図れ口論も減り，自宅内の生活動作は自立，さらに通所系サービスへと展開できた．ご本人からも「ありがとう．もう大丈夫だから訪問リハビリを卒業します」と感謝の意を表してもらえた．

●● 気づかされた言葉（場面）

　ご本人は「こんな性格だし，足腰が立たないから自分の言うことはすべて聞いてもらえてこなかった」「あなたは私が拒否しても笑っていろいろ提案してくれた」と言われた．移乗動作練習の拒否が出た際，無理にその練習を実施したり拒否の理由を深く聴取したりせず，移乗動作に必要な立ち上がり練習や自主トレーニングメニュー変更の提案などを実施し，あくまでご本人主体の中での介入を心がけたことがよかったと思われる．

●● そのときのスタッフの心の中

「理解してもらいたい気持ちに気づいてあげればよかったな…」

●● 気づかされた内容

　ご本人は，ただ自身を理解してもらいたい，要望も聞いてもらいたいとの願いがあり，否定される前にパーソナルスペースを広くし，他者を拒絶していたものと考えられる．理由もなく，他者を寄せつけず無口に過ごされていたのではないのだと気づかされた．

●● 気づいてからの対応

　その後，目標を決めていく際には，必ずご本人・ご家族にいくつかの選択肢を用意し，ご本人主体の中で目標設定ができるように心がけている．例えば，ご本人が要望している目標が歩行だった場合，その練習プログラムをいくつか（家事をしながらの立位および伝い歩き練習，福祉用具の選定など）用意し選択してもらうということを行い，当初のケアプランからの変更が必要となればケアマネジャーへご本人の要望に添っているプログラム内容であることを説明し，ケアプランの変更を依頼するなどを意識して実施している．

　どの利用者においても疾患を患う前までは，自由に行動・発言でき，無理なことは努力してかなえていくという自己実現があったはずである．それが，発症と同時に入院生活や在宅療養でのリスク管理のもとで「やりたいことへの制限」が余儀なくされる．そのため，どの利用者でも願い（目標）をかなえてもらえる選択肢を用意し提案していくことが重要である．

　個性が強い利用者は，リハビリプログラムの展開が難しい印象があることから画一的な練習内容になったり，リハビリ拒否を長期間続けそのまま終了となる場合もある．しかし，リハビリを拒否したり，いら立ったりする裏側には必ず何か理由があり，それを探り『一緒に解決していく』ことで真意での「ご本人主体」が引き出されると考える．

スタッフ編

9 超プライベート情報

～どう申し送りますか

●● きっかけとなった場面（症例）

　60歳代，女性．パーキンソン病．現在，サービス付き高齢者向け住宅の施設に入所中で，介護保険でのデイサービス利用と医療保険での週2回の訪問リハビリを利用．若い頃は洋裁店で仕事をされており，現在でも（服薬コントロールにて状態のよいときは）手芸などを趣味活動として継続．また，他の利用者にお化粧や髪の毛のセットをするなどしっかり者で面倒見のよい一面があり，割とあけっぴろげになんでも話す明るくサバサバした性格である．

　ある日訪問すると，自室トイレにて排泄中の様子であり声かけをして扉の外で待つが長時間を要した．その後，とても疲労した様子で，介助を求められたので移乗介助に入った．その際，便器内に血液が付着していた．ご本人に尋ねてみると，"以前から便秘はあったが，最近は薬が追加されて今までの下剤が効かなくなった，それで便が出にくいときは自分で摘便している"とのことであった．そこでリハビリスタッフからご本人に，衛生面の話や施設の看護師・主治医に内服薬の相談をしたほうがいいのではないかと説明・提案した．

　その後，リハビリを終え帰る際，施設の療棟スタッフに本日の内容を申し送り，ご本人は知られたくないと思うので，トイレ介助のときなど声かけしながら様子をみてほしい旨を伝えた．

●● 気づかされた言葉（場面）

　翌週いつも通りに訪問すると，調子がよいときには笑顔で迎えてくれる方が，その日は表情も険しく，開口一番の言葉は「あなただから言ったのに…」．一瞬何が起こったのかわからず固まってしまい「どうされましたか？」と聞き返すのがやっとであった．

　先週の訪問リハビリから数日が経ったある日，デイサービスを利用していたときのこと，他の利用者がいる前で，「○○さん，自分で摘便しているの!?」と大きな声でデイの職員に問われ，非常に恥ずかしい思いをしたとのことであった．

●● そのときのスタッフの心の中

「こんなことになるなら申し送らなければよかったなー」

●● 気づかされた内容

あの日，帰り際に直接，申し送りができた施設スタッフには，ご本人の性格や心情などを含めて，摘便するに至るまでの背景などを確認しながら伝えられたかと思うが，その施設スタッフが夜勤の別のスタッフに申し送り，さらに，その別のスタッフがデイの連絡ノートに記し，それをデイのスタッフが読み，また他のスタッフに申し送りをする…そういうやりとりがなされるうちに，いつの間にか，業務的な事実だけの申し送りになってしまったのかもしれない．結果的に，ご本人が信頼をおいている訪問リハビリスタッフだけに伝えた他者に知られたくない内容が，多数のスタッフに知られてしまうことになり，訪問リハビリスタッフへの信頼を損ねることになってしまった．

●● 気づいてからの対応

その後，ご本人には訪問リハビリスタッフの謝罪をしっかりと受け止めてくださり，関係は以前の状態に修復することができた．この件以降，利用者に対して，このような理由で，このスタッフにこのような内容を伝えますがいいですか？　と確認してから伝えるようにしている．また今回の件では，自ら直接，デイのスタッフに申し送り内容やニュアンスを伝えるなど，ご本人に対する配慮をお願いする方法は工夫次第でいく通りもあったのだと反省させられた．

以降，別の施設や事業所に利用者の情報を申し送る際は，内容に応じて，万が一でもご本人を傷つけてしまうことがないよう，直接会って申し送るのか，連絡ノートを作成したほうがいいのか，電話連絡にしたほうがいいのか，また必ず次のスタッフに申し送る際にこのことは忘れないでほしいという内容は付箋に記入する…など，以前より念入りに伝達方法を検討するようにしている．

利用者とスタッフ間で信頼関係がとれてくると「誰にも（ご家族や主治医など）言わないでね」「あなた（スタッフ）だから話すのよ」という話をされることがある．人として約束を守ることは当然の行為であるが，サービス提供スタッフとして内容によっては関係者に伝えなければならないこともある．「伝えてほしくない理由」が明らかであれば，それを最小限に留めるような方法で他者に伝えることを提案したり，伏せておくことがどのようなリスクを負うかをご理解いただく努力はしなければならない．その際の大前提として「私が責任を負いたくないから」「マニュアルに従うため」という姿勢ではなく「あなたのことが心配だから」「あなたの在宅生活を安全に継続させたい」という気持ちを利用者と共有することを忘れてはならない．

スタッフ編

10 まだ，何をしたいかわからない…
～訪問リハビリ経過における目標設定での気づき

●● きっかけとなった場面（症例）

　50歳代，男性．要支援2．妻，子どもと同居．脳卒中片麻痺により回復期病院を退院後すぐに訪問リハビリを利用（週2回）．ADLは手すりや短下肢装具を利用して自立．「移動が不安定であること」「設定した環境の評価」を目的に介入を開始した．

　開始前のサービス担当者会議では，病前行っていた調理や趣味活動，掃除（新聞を縛ったり，倉庫の片づけなど），日曜大工は「麻痺側上肢が完全ではないから行いたくない」と訴え，"やりたいこと""興味があること"は「ない」「わからない」と答え，「もっとうまく歩ければ，手が使えるようになれば，やりたいことはたくさんある」と繰り返された．麻痺側上肢はBrs.Ⅱレベルで，肩甲帯の挙上を伴った肩関節のわずかな屈曲，手指のわずかな屈曲（もとの位置に戻すことは難しい）が随意的に可能であった．

　訪問時には，右麻痺側上肢（特に手指）からの感覚入力や手指〜肩関節の促通反復による治療で随意的な筋収縮を促した．その際，自宅内にある道具を利用することも行った．道具を利用する際は難色を示されたが渋々ながらも協力していただけた．

　その後4〜5カ月ほどで肩関節の随意性が向上し，肘関節の屈伸も条件が合えば物を押さえることができるようになってきた．ある時，「新聞を紐で縛ったよ」と報告があり徐々に「溜まっていた荷物を片づけた」「本棚を作った」「キッチン棚を作った」「プランターで野菜を作ったから食べて」「調理もちょこちょこやっている」などの会話が増えた．

●● 気づかされた言葉（場面）

　麻痺側上下肢の随意性が向上するとともに，発言が「いろいろやってみないとわからない」「どうやったらできるか（作業を）考えながら行っている」と発言が積極的な内容に変わり，活動範囲や内容にも変化が出てきた．

●● そのときのスタッフの心の中

　「少しでもできることが出てくると，発言や行動，意識までも変わってくるんだなー」

●● 気づかされた内容

　入院でのリハビリを経て退院し，初めて利用する訪問リハビリの開始前は，自身が今後どうなるかや，何をしてもらえるのかがわからず不確定要素が多いと思われる．また，病前との身体能力のギャップがあり否定的にならざるを得ない状況であるとも気づかされた．その状況下で，入院中の機能面を重視したリハビリ目標と違い，生活動作を中心とした訪問リハビリの目標をご本人はイメージしにくいのではないかと考える．

　介護保険の訪問リハビリを意識するあまり，ケアプランに添って"生活動作ができるようになる"という目標遂行の使命感にとらわれすぎていたかもしれない．大切なのは，ご本人の想いへの傾聴や寄り添って援助する姿勢であり，生活リハビリの目標を選択して決めてもらうだけでなく，共に模索して「チャレンジ」していくことも訪問リハビリの役割なのではないかと考えるようになった．さらに，利用者も訪問リハビリスタッフと一緒に"できること"の体験を増やすことで，モチベーションが向上したり行動が積極的になり，発言も前向きになって自身がやりたいことが具体的になってくると感じた．また，以前は頑なに拒否していたことも，「やってみないとね」とやり始められることも多くみられた．

●● 気づいてからの対応

　訪問リハビリを開始する際のサービス担当者会議で，長期目標があいまいになってしまう利用者でも「まずはできるところからじっくりやってみましょう」と促したり，ご本人が希望する身体機能面の向上（それが入院中に「これ以上の向上は難しい」と説明を受けていたとしても）を内容に含みながら，目標を一緒に考えるようにしている．

　一方で，その内容と訪問リハビリスタッフ側が評価した潜在能力の高さや"できるADL・IADL"の能力の高さにギャップがある際は，どうすり合わせを行うかジレンマを感じることも多くなった．訪問リハビリスタッフ自身の経験の積み重ねが必要と感じる．

解説　在宅生活期であっても，ご本人が希望する機能訓練に応えていくことは重要である．セラピスト側としては「治療を長期化させない」「機能へ固執させない」などに対し使命感にかられ，ご本人の訴えをそのまま聞き入れられない場合も少なくない．個人の因子やその機能，取り巻く環境因子を適切に評価しながら，ご本人の希望を援助・指導できるスキルが生活リハビリには必要であり，それらが満たされてはじめて利用者の自立を支援することにつながる．

スタッフ編

11 自信をつけていくために…

～長期目標に目を向ける

●● きっかけとなった場面（症例）

　50代，男性．介護保険で訪問リハビリを利用．訪問リハビリ開始から6年経過している．独居でADLは自立レベル．買い物などはご家族の協力にて行っている．訪問リハビリの短期目標は「一人で散歩に行けるように」，長期目標では「歩いて一人で買い物に行く」ことを目標に介入している．

　リハビリに対して意欲的な方であったが，その反面，「こんなんじゃダメ．できていない」と自身の歩行に対してネガティブな発言が多く，「もっときれいに歩きたい」など自分の理想のイメージを強く持っておられた．そのため，訪問リハビリスタッフは屋外歩行自立可能と評価しているのに対しご本人の評価は低く，訪問リハビリスタッフとご本人との評価に差が生じていた．訪問リハビリスタッフ側は，自主トレーニングとして屋外歩行の実施を提案し，回数を重ねていくことで自信をつけていくことを勧めていたが，ご本人の不安感が解消されることはなく，短期目標も達成できない状況が続いていた．

　訪問リハビリスタッフが介入して1年が経過した頃，ご本人から「買い物に行ってみたい」と希望が聞かれるようになっていた．しかし，その当時は，短期目標を達成できていないことや自主トレーニングの継続も行えていないこともあり，今の状況で買い物の練習に取り組むことが本当に意味があることなのかと葛藤もあったが，ご本人の強い希望もあったため実施する経緯となった．

●● 気づかされた言葉（場面）

　初めて買い物の練習を実施した際，周りの人に注意を向けることや目的物を探すことに時間がかかってしまったが，帰りには「楽しかった」「思ったよりできていた」と満足気な表情をされていた．2回目からは一人で買い物に行かれたという報告があるなど少しずつ，ご本人自身から自発的に行動を起こすことが多くなっていった．練習を重ねていくことで，今までご家族にお願いしていた買い物ができていることにうれしさ，楽しさを実感できたほか，「思ったよりもできた」ことに対してご本人が自身の身体能力の高さに気づくことができ，できるという自信につながったと思われる．これをきっかけに，短期目標である一人で散歩に出かけるようになり，ショッピングモー

ル，モノレールの利用も自立して行えるようになった．

●● そのときのスタッフの心の中

「ご本人ができないと思っている簡単なことよりも，ご本人がやってみたいと思っている難しいことをやってもらうほうが，うまくいくこともあるんだなー」

●● 気づかされた内容

本ケースでは，訪問リハビリスタッフと利用者ご自身の評価の差が目標達成できない原因と考え，その差をどう埋めていくかが課題であった．初期の頃は，歩行の回数を重ねていくうちに自信につながると考えていたが，それは，ご本人にとってできないことを繰り返し行っていることに過ぎず，自信や達成感を得られにくかったのではないかと感じた．

今回，買い物の練習を通して，目の前の目標（短期目標）だけを遂行するのではなく，難しい課題に思えてもご本人がやりたいことを先に経験してみることで，今まで見えなかった自分自身の能力に気づき，新たな視点から自己評価（自分はできるんだ）や具体的な課題点（もっとこうしたほうがいい）を見つけ出すことができるということを学んだ．

●● 気づいてからの対応

ご本人の希望に合わせながら，ショッピングモールでの移動やモノレールの利用などできる体験を多く取り入れ，自信をつけていけるよう取り組んだ．難易度の高い活動を希望された（例えばエスカレーターの利用）際には，安全性や実用度も考慮しながらプログラムに取り入れ，あるいは実施が難しい場合でも，他の方法を検討するなど違う視点からできる体験を増やすよう意識した．

サービス開始時にご本人と確認したはずの目標やプログラムであっても，経過の中でご本人のイメージが変わることがあるが，初期に自身の今後を予測するのが難しいのは当然かもしれない．そして，ご本人が新たに希望したことが担当セラピストには「今はまだ早い」「それは難しい」という内容の場合，現場ではその希望を取り入れないままにされがちである．病前（受症前）と異なりさまざまなことが制限されてしまった（不自由になってしまった）生活の中で，利用者自身から発せられた希望に対し，セラピストは最大限の努力と工夫を提供する姿勢を持たなければならない．心身機能・環境因子・個人因子などを考慮し，その可能性を追求できる唯一の専門職であることを忘れてはいけない．そして他者が提案したことよりも，ご本人自身が提案したことのほうが達成時に大きな自信を得る場合が多いことにも気づくはずである．

スタッフ編

12 その人の存在が意味のあること

●● きっかけとなった場面（症例）

　100歳前の女性，要介護3．膝の痛みを稀に訴えられるが，特に治療が必要な病気はなく，ご家族の援助を受けながら生活されていた．痴呆症状もなく，しっかりされておりお話も上手でおだやかな方である．独居生活も長かったため，人の手を借りることに非常に遠慮深く，できることは自分でするようにされていた．ベッド上の生活であるが，食事の提供とポータブルトイレの掃除をご家族が手伝い，入浴はヘルパーの介助で行われていた．

　ある時，尿路感染で体調をくずし，数日，寝込まれた際に廃用を起こし，ポータブルトイレへの移乗が一人ではできなくなったため訪問リハビリの利用となった．高齢のため，訪問リハビリの介入も慎重に行ったが，ご本人の意欲も高く徐々に移乗の介助も軽減していった．ご家族は，ご本人の心情をよく理解しておられ，頑張る姿を温かく見守りながらも，自分たちが介護することに対しては何の不満や苦痛も述べることがなかった．また，ご家族に世話をかけていることに申し訳なさそうにされるご本人に対し「お母さんが，いてくれるだけで私たちはうれしいのですよ」と声かけされるほどであった．

●● 気づかされた言葉（場面）

　次の訪問時，ご本人より「家族から私がいるだけでうれしいって言ってもらったの．自分が生きているだけで人を喜ばせることができるなら，そういう生き方もいいかな？　と思うようにしました．なので，これからもよろしくね」と．

●● そのときのスタッフの心の中

「そういう，存在の仕方ってすてきだな」
「だからといって，何もせずに過ごされるわけではなく，今後も変わらず，リハビリをご利用になるんだ」

●● 気づかされた内容

　100歳を前に，練習しても身体機能や動作が以前のように戻らなくなっていること

は，訪問リハビリスタッフだけでなく，ご本人もご家族も理解されていた．しかし，一日でも長く元気でいてほしいというご家族の気持ちと，それに対し，いつもの頑張っている姿であり続けようとされるご本人のためへ行うアプローチ内容に大きな変化はないが，頑張られる姿の意味を意識しての介入でよいのかもしれないと感じた．

●● 気づいてからの対応

　プログラム自体に大きな変更はなく，「排泄は自分で行えるように」を目標に筋力訓練や移乗訓練を続けた．体調がすぐれない日も増えてきており，その日に可能な練習（ROMエクササイズのみの日もあり）を行うようにした．声かけも「できる練習だけしましょう」「来週，また伺うのでそのときに練習しましょう」と継続性を示すように心がけた．ご家族もご本人の気持ちを尊重されて，必要以上の激励も訓練中断もされることなく温かく見守っておられた．

　訪問リハビリは目標を立て，その目標が達成できるように関わるのが基本である．しかし，今回のケースのように目標が達成できないことが予測できる中で，その「経過」を経験することが，利用者の生活を支援する場合もあるのではないだろうか？「経過」が大事と思われた他のケースを以下に紹介する．

　ケース①：50歳代の右片麻痺の男性．歩行はT字杖にて自立．上肢は補助手としても厳しい状態であったが，セルフケアは自立．構成障害と運動性失語があったが事務職としての復職を目的に介入．結果，1年間，復職に向けて支援したが，復職には至らなかった．しかし，ご本人からは「1年間，いろいろなことを経験でき，自分には難しいこと，うまくできること，工夫したらできることがわかったので，これからの人生を前向きにやっていけるよ．よかったよ」と声をかけていただいた．

　ケース②：60歳代のターミナル期の男性．余命は長くないことをご本人も妻も理解していたが，ご本人は訪問リハビリで歩行訓練に懸命に取り組まれた．妻に最期まで「頑張り屋さん」の姿をみせてあげたいとのお気持ちだった．妻もご本人の，その気持ちを理解されているようだった．

　これらのケースのように，目標は達成できなかった場合でも，それまでの「経過」により，ご本人とご家族の，そのときの生活およびその後の生活の支援の一助になっていることもある．その人に介入できるサービスは複数あるが，訪問リハビリは自分を表現できる時間を提供できる貴重な一面を持っているのかもしれない．また，目標の「達成」だけでなく，目標に向かっている「経過」を今一度大事に考えるようにしたい．

スタッフ編

13 言葉でやりとりができた喜び
～発症後3年半経過した失語症者とのかかわり

●● きっかけとなった場面（症例）

　50歳代，男性．妻と二人暮らし．3年半前に脳梗塞を発症．右半身麻痺と重度の失語症あり．入院中は，身体機能のリハビリには積極的だが，言語のリハビリには消極的であり，今回，訪問言語聴覚士が介入となるまで言語訓練は受けていない．回復期病院退院後は施設に入所されていたが，要介護度の軽度化をきっかけに在宅復帰．基本動作は自立，屋内歩行も杖を使用し自立．入浴，更衣，整容動作は軽介助レベル．在宅復帰後は通所系のリハビリを希望されず，自宅で妻の協力を得ながら過ごされていた．妻が体調不良になった際に，妻のしんどそうな様子を目の当たりにしながら，ご本人自身も数日間入浴できない日が続いた．これをきっかけにリハビリに対して前向きとなり，訪問リハビリ介入となる．当初は理学療法士のみの介入であったが，言語リハビリにも意欲を示し言語聴覚士の介入となる．

　言語機能としては，簡単な日常会話の理解は可能であるが，表出は首振り・うなずきが主で，発声は「あー」「んー」のみであった．何かを訴えたいときは指差しやジェスチャーを用いていた．発症当時は言いたいことをうまく伝えられないためにご本人はいら立ち，妻も夫の伝えたいことをうまく読み取れないために困惑し衝突する場面も多かったが，そのような生活を繰り返すうちに，次第にご本人の言おうとすることがくみ取れるようになり，衝突も減少していったとのことであった．

　発症から3年半経過していたが，言語リハビリを続けることで理解面・表出面ともに向上がみられ，次第に話せる言葉も増えていった．

　ある日，「調子はどうですか？」の問いかけに「まあまあ」と言葉でやりとりをすることができた．

●● 気づかされた言葉（場面）

　「調子はどうですか？」の問いかけに「まあまあ」と言葉でやりとりができた瞬間，ご本人も妻も大笑いして，妻は「すごい！　話せたね！」と感動していた．

●● そのときのスタッフの心の中

　「言葉でのやりとりができることは感動的なことなんだなあ」

●● 気づかされた内容

　ご夫婦の日常会話は「体調はよい？」「お茶飲む？」などの質問に対し，首振りやうなずきを用いることで返答する．このようなある程度決まったやりとりが多く，ご夫婦の中では「大きな問題なくやりとりが行えている」とのことであった．しかし，今回ちょっとした会話でも言葉でやりとりできたことは，ご本人，妻にとっては感動的なことであった．この瞬間，ジェスチャーのみでなく言葉で表出するということの大切さを感じた．

　また，担当言語聴覚士は回復期病院から訪問リハビリへ部署異動したばかりであり「生活期でどこまで改善がみられるのか」「本当にリハビリの成果はあるのか」と不安を抱えながら介入していた．発症から3年半経過していても，機能の改善がみられ，ご本人と妻の笑顔をみた瞬間，生活期におけるリハビリの大切さを感じた．

●● 気づいてからの対応

　日常会話につながる表出訓練を中心に行っており，今では「おはよう」「ありがとう」「おやすみ」という単語も少しずつ話せるようになっている．一つひとつ話せる言葉が増えるたびに，ご本人も妻も大喜びし，その単語を用いて照れながら夫婦でやりとりを行っている．

　ご本人も言語機能の向上を実感しており，言語のリハビリに対する意欲も向上し，いつもリハビリを楽しみに待ってくださっている．

　日常会話は，言葉だけでなくジェスチャーや表情などさまざまな要素の中で行われている．失語症者にとっては，その言葉以外の要素が会話の中で重要であり，それをうまく活用しながら会話を行っている．しかし，やりとりが成り立っている中でも，「言葉で表出し会話をするということには，大切な意味がある」のである．

　改めて，私たちがお伺いしている利用者のコミュニケーション内容や手段を振り返ったとき，「首振りで返答可能」「ジェスチャーで可能」「ご夫婦だけの生活なので日常会話に支障なし」などと安易に済ませてはいないだろうか？　生活期であっても，改めて，言語機能の評価や可能性の追求を試みる必要性はあり，発症時は興味を示されなかったコミュニケーション機器の紹介なども試みるべきである．生活期の私たちが試みなければ，今後の変化が得られない可能性が大きいことを忘れてはならない．

スタッフ編

14 同じ目線で食事がしたい！
～ご家族で食事をする楽しさ

●● きっかけとなった場面（症例）

　10歳，女児．両親と弟との4人暮らし．幼児期にてんかん発作と知的機能の遅れが出現．徐々に歩行も不安定となり特定疾患の診断を受ける．座位保持，歩行は難しく自宅内はいざりにて移動．屋外は車いすを使用．ADLは全般的に介助を要す．主介護者は母親である．児童用のデイサービス，通所リハビリを併用しながら医療保険での訪問リハビリを週2回（作業療法士・言語聴覚士）利用中．訪問リハビリでは「座位～立ち上がり訓練」「歩行練習」「発声・嚥下訓練」「自宅内の環境調整」を主に行っている．

　日中は，床に置かれた布団やクッションに前傾でもたれる体勢で過ごすことが多かった．自宅には安全ベルト付きでリクライニング機能が装備され座椅子とオーバーテーブルもついている勉強机があるが，時々遊ぶ際に使用しているのみで，ほとんど活用されていなかった．

　食事場所について母親に尋ねると「椅子ではなく，ちゃぶ台を使って食事をしています」と返答があった．勉強机を使用すると姿勢が安定し，頭頸部も保持しやすくなり自力摂食かつ嚥下が行いやすいと思われたが，床に正座し，ちゃぶ台に体をもたれさせ，頭頸部を努力的に伸展させながら介助が必要な状態で食事をしていた．口唇から食事がこぼれることも多く，顔を上げるのもきつそうとのこと．実際，食事中は疲れやすいため摂取量も少ないという状況であった．

●● 気づかされた言葉（場面）

　安定した座椅子を使用していない理由を母親に尋ねると，「あの椅子に座って食べると，ちゃぶ台で食べている私たちと目線も違うし，一緒に食事をしている気がしないんです．座らせるのも，介助するのも大変だけど，このほうが一緒に食事をしている感じがして楽しいんです」といわれた．

●● そのときのスタッフの心の中

　「家族の食事って，目線や場の共有も大事なんだなあ」

28

●● 気づかされた内容

　摂食・嚥下障害がある方にとって，座位姿勢や食事環境を整えることで，摂食・嚥下が行いやすくなり，誤嚥の危険性を低くしたり食事時間の短縮や自力摂取につながることもある．姿勢・環境は重要である．これらのことから，担当言語聴覚士は日頃食事場面に介入するとき，食事の食べやすさ・飲み込みやすさを第一優先した姿勢や環境を考えてしまっていた．今回「同じ目線で食事がしたい」という母親の言葉は，ご家族にとってごく当たり前の希望を思い出させてくれた．食事は，栄養を取るということだけでなく，特に在宅生活においてはご家族とともに楽しみを共有する空間だと感じた瞬間であった．

●● 気づいてからの対応

　座椅子の利点，食事姿勢の重要性を母親へ説明し，座椅子の利点もご理解いただいたが，母親はちゃぶ台を使用しての食事形態を引き続き希望された．現在，ちゃぶ台でも安全に楽にご家族と一緒に食事が取れるように，床でも姿勢が安定するポジショニング，福祉用具を検討中である．座位姿勢が安定する勉強机は，リハビリの中でパズルやピアノなどの遊びを取り入れながら使用し，日常生活場面での活用を促している．

解説　食事は生命維持に必要なものであり，日々行われている活動である．私たちの業務において，食事がうまく取れるように姿勢を整える，食事動作の練習をする，摂食・嚥下の訓練をする，食形態の工夫をするというアプローチは日常的に行われている．

　しかし，そのアプローチと並行して食事の味を楽しむ，ご家族との団らんの時間を楽しむ，コミュニケーションを楽しむ場など，「楽しみとしての食事」について考えることも重要である．母親が言うように，家族そろって同じ目線で食事をするということは，ご家族の大切な時間である．「食事という楽しみを家族で共有する」ということへの配慮は決して忘れてはならない．また，今回は「食事」場面での気づきであるが，本来は「入浴」「更衣」「外出」など，すべての活動においても見逃してはならない「気づき」である．

スタッフ編

15 提案することの大事さ…

～勝手な思い込みで選択肢を縮めてしまった

●●きっかけとなった場面（症例）

　70歳代，女性，要介護2．主介護者は夫．他に長男，四男と同居．キーパーソンは別世帯の長女である．訪問リハビリ以外のサービスは通所リハビリを利用している．もともと関節リウマチ，骨粗鬆症などの疾患があり，今回は誤嚥性肺炎を起こし廃用症候群を呈して入院していた．退院にあたり，住宅改修などを済ませていたが，退院直前の住宅改修となってしまったため，改修後に実際の場所で，入院時担当リハビリスタッフによる動作確認が行えていなかった．また，入院前から台所の椅子に一日中無理して座り疲労を強めてしまったり，下肢に浮腫が出現したりしていたため，日中の休憩の取り方を検討してほしいと依頼があり，退院後すぐに訪問リハビリ（作業療法士）の介入を開始した．具体的な入院時担当リハビリスタッフからの申し送りは以下の通りである．

　①トイレが屋外にあり，勝手口の段差昇降や屋外トイレの住宅改修後の動作確認を行ってほしい．

　②入院前は，自分でベッドから起き上がれず，日中はほとんど座って過ごしていたため，疲労や足の浮腫がみられていた．入院中に自助具を使用してベッドコントローラーの操作を行うことで起居動作は自立することができたため，日中疲れる前にベッドにて休憩を取る習慣をつけてほしい．

　退院後，入院時の担当セラピストが危惧していた通り，一日中台所の椅子に座り入院前と同じような状態となっていた．その理由として，自室が遠くやや距離があり，台所から廊下へ出る際には段差もあるため，移動にはリウマチの症状からの膝関節や上肢の痛みによる身体的・精神的負担が大きいことが考えられた．

　そのため，自室を台所の隣の部屋へ変更することを提案した．しかし，変更後は距離は短くなるも段差昇降を行う回数が1回から2回へと増え，実質的には大幅な負担軽減にはつながっていなかった．段差昇降を行わなくてもいいように，台所と廊下の段差を解消する方法もあったが，介護保険の住宅改修費は退院前の改修で全額使用しており，おおがかりになりそうな住宅改修は実費負担が大きいため却下されるだろうと考え，訪問リハビリスタッフは提案することもなく選択肢から除外してしまっていた．

ある日，訪問すると，段差昇降を行わなくても台所から隣の部屋に移動できるようにと，台所と隣の部屋の間の壁を壊すことが長女と住宅改修業者の間で決まっていた．

●● 気づかされた言葉（場面）

訪問リハビリスタッフの「えっ!? ここの壁を取り壊すことになったんですか？ けっこうおおがかりな工事になりそうな気がしますが，住宅改修の費用は大丈夫なんですか？」との発言に対して，長女は「お金はかかりますが，このほうが本人にとっても楽ですよね．私たちは素人で，なかなかこのような案が思いつかないので，無理かなと思っていても思いついたことはなんでも言ってくださいね」と答えた．

●● そのときのスタッフの心の中

「お金かかっても大丈夫なんだ」

●● 気づかされた内容

費用がかかるため提案しにくいことでも，場合によっては提案するほうがよいこともあり，こちらの価値観だけで決めつけてはいけないんだなということに気づかされた．本ケースの場合は，金銭面のことよりも母親の生活を優先に考える娘さんだったので，相手がどのような思いを持っているのか，しっかりくみ取っていく必要があると実感させられた．

●● 気づいてからの対応

結果的には移動距離が短くなり，段差昇降も行わなくても移動できるように改修されたため，身体的・精神的な負担が軽減し，適度な休息を取ることができ生活の質は向上した．他の利用者の際にも，これはちょっと無理かな…と思ったことでも，「こういった方法もあるので，一度，可能かどうか検討されてみてはどうでしょう？」など一つの案として提案するようにしている．

解説　住宅改修時，「少しでも費用が抑えられるように（無駄な費用はかからないように）」と考えるのは基本であるが，費用にとらわれて，本来の目的であるご本人や介助するご家族が「安全・安心」して過ごせるようにという視点がおろそかになることがある．セラピストだけで考える改修案に困難な要素（費用や使い勝手）が含まれている場合，他者（他職種）へ伝えることで，新たな方法や変更案をアドバイスしてもらえることも多いので，諦めず少しの勇気を持って，他者（他職種）に相談できるよう心がけたい．

スタッフ編

16 生活支援の共通認識って…

●● きっかけとなった場面（症例）

　60歳代，女性．脳梗塞後遺症，右片麻痺，要介護3．夫との二人暮らし．ADLはほぼ自立も，立位や移乗は不安定で転倒のリスクが高い状況．日中はソファーでテレビを見て過ごし，身体的活動量および意欲・発動性の低下がみられ，また訪問者もなく，非主体的な生活が問題となってきた．発症前は小料理屋を営んでおり「簡単な料理を作れるようになりたい」「夫の誕生日に手料理でお祝いしたい」と希望したことをきっかけに，調理にて心身の活動量の向上と役割の再獲得をリハビリ目標とした．

　そこで，調理援助を行っているヘルパーと「調理援助を通して主体的な生活を獲得するための自立支援の方法」の連携を試みた．ご本人の意向をヘルパーへ伝達し，調理援助時にご本人の可能な動作は見守り，不可能な動作はサポートしながら支援していただけないかと提案した．しかし，ヘルパーは複数担当制でもあり，「調理援助を介してご本人の自立を支援するのがヘルパーの仕事なのか？」「自立支援を行いたいが，どのように展開してよいのかわからない」など，ヘルパーによって支援の認識が異なっており，提案時，その支援に理解を示していただけなかった．

●● 気づかされた言葉（場面）

　実際，ヘルパーは調理を介した支援はせず，調理のみで精一杯であった．理由は，前日の食器の片づけなど調理以外にも時間が割かれ，サービス提供時間を超過している状況であり，ヘルパーはご本人の可能性や生活再構築のための「気づき」の視点を持つ余裕がなく，「駆け足介護」の状態で精神的にも時間的も精一杯で，「作業をこなしている」という現状だったことがわかった．また「自立支援の目的」「その展開方法」「サービスが超過しないための工夫」がわからないという現状もあった．訪問リハビリスタッフは，そのようなヘルパーの不満や負担を知らずに，安易に提案してしまっていた．

●● そのときのスタッフの心の中

「（ヘルパーの介入状況を知るまでは）そんな理由って，あり？」
「（介入状況を知ってから）ヘルパーの現状って，いろいろ大変なんだ…」

●● 気づかされた内容

　ヘルパー業務に「自立支援」が含まれることを知っておられなかったので，その部分を慎重に介入するべきであったし，訪問リハビリからヘルパーにお願いをするということはヘルパーの仕事を増やすことにつながるという認識が薄かった．

●● 気づいてからの対応

　ヘルパーとのかかわりを密に持ち，担当ヘルパーから支援の現状や意見を伺った後，その意見を主任ヘルパーへ相談，サービス時間内で支援する工夫について説明した．

　工夫として，調理援助の具体的方法を提案し，その日の献立や必要な材料，利用者に実施してもらう内容などを記載するための「調理ノート」を作成した．訪問リハビリ日には調理援助日の献立を利用者と作成し，必要な材料を確認し，週1回の買い物時に購入してもらうよう設定した．また，ヘルパー介入前日に材料を使用しての調理練習をし，材料の下ごしらえをするようにした．

　支援方法は主任ヘルパーから担当ヘルパーへ伝達していただいたが，実際にヘルパー介入時に同行し，具体的方法や調理ノートの使い方，利用者の可能な動作や抱えている不安などを説明した．利用者ご本人は皮むきや材料を洗うなどの可能な下ごしらえや味付けなどから実施した．献立や次回の買い物について相談するときは表情もよく発話量も増え，加えたい材料を提案するなどの積極性も出てきた．ヘルパーとは訪問時の出来事をノートでやりとりし，主任ヘルパーを通した電話での細かな情報のやりとりを行い，共通認識下での利用者支援ができるようになってきた．当初ヘルパーは業務内容が変わることを拒まれていたが，本来のサービス提供時間内で終われる工夫をすることで，利用者の可能性に視点を向けて専門的な援助ができるようになった．

解説

　ヘルパーはリハビリ的役割も担え，その関わる内容の多さから，多方面からの視点を持つことができる在宅の専門職であるが，そういう役割を担うことを知らない場合もあるのが現状である．しかし，それはヘルパーに一方的に問題があるのではなく，今までそのような介入経験がなかったということでもある．介護保険制度の中で，訪問リハビリが自立支援の展開を提案することではじめて，そのような介入を経験するヘルパーも少なくないのではないだろうか？

　よって訪問リハビリスタッフはヘルパーの現場での苦悩や現状を理解し，ヘルパーへ単に依頼するだけでなく，その後，継続して協力する姿勢を持つことが大切である．自立支援や生活の再構築は介護保険の大きな柱だが，専門性を十分に発揮できずに支援されている現状を関わるスタッフが認識し，お互いの専門性や役割を確認したうえで協働して支援する必要がある．

スタッフ編

17 どれを飲んでいいかわからない…
～いつのまにか退院されていた！

●● きっかけとなった場面（症例）

　70歳代，女性．要介護2．独居．心身症と認知症の診断名あり．介護保険を利用し訪問リハビリを週に2回，身体介助・家事援助でヘルパーを週に3回利用している．近隣に娘がいるものの，孫の世話で忙しく週に一度訪れる程度．腰痛と膝痛の訴えもあり，日によってできる動作にムラがあるため担当ケアマネジャーより相談があった．「動作指導，自主トレーニングの提案，福祉用具の調整」を目的とし，訪問リハビリが開始となる．リハビリには協力的に取り組まれていたが，腹痛の訴えにて救急車を自分で呼び，搬送されるも検査上では「異常なし」と病院側より帰宅を促されることが数回続いた．

　ご本人の希望で他院を受診，その日のうちにうっ血性心不全と診断されPCI施行のため2～3日の予定で入院となる．しかし，予定より入院が延び，ご家族やケアマネジャーに連絡すると「元気になっているんですけど，退院日は未定なんです…」との報告が続く．

●● 気づかされた言葉（場面）

　ある日，病院へお見舞いに伺うと，「昨日，退院しましたよ」とのこと．退院はケアマネジャーにも知らされておらず，その場でご家族に連絡し，そのままご自宅へ様子を拝見するために伺わせていただくことにした．ご自宅ではご本人が「どれを飲んでいいかわからない…こんなに薬を渡されても…」と内服薬が机の上に散乱しており，数々の薬を目の前にして途方に暮れていた．

●● そのときのスタッフの心の中

　「嘘でしょ～！ 薬が大量に増えている!! しかも一包化されていない…」

●● 気づかされた内容

　入院前は内服薬（以下，薬）の種類も少なく（4種類），ご自分で服薬管理もできていた．しかし，今回PCI施行後，心不全を起こされたため薬の量がかなり増えていた．ご本人は，入院前に常用されていた薬は理解されていたが，新しい薬を目の前にして

かなり混乱されていた．それもそのはず，今回は薬が15種類に増え，また15種類ある錠剤が一包化されておらず，次回の受診時（2週間後）までの分をまとめて処方されていた．退院時，付き添った娘は当日分の薬のみ仕分けており，翌日分以降は薬袋に入ったまま置いて帰った様子であった．

　たしかにご本人は多少の物忘れがあるものの，これまで独居で過ごされており日常会話程度であれば違和感を感じることは少なかった．しかし，認知症と診断名がついていること，また独居の方だったため，訪問リハビリスタッフは「退院時，薬は一包化して処方されているだろう」と思い込んでいた．また数日間の入院と聞いていたため，こちらからも情報提供ができていなかったこともあり，物忘れなどの認知症症状への配慮を病院側より受けるに至らなかった．日頃より，利用者の入院時や入所時，また新たに通所サービスを利用される際には，申し送りを行うよう心がけていたものの，今回数日間の入院ということで安易に考え，申し送りを怠ってしまっていた．改めてこちらから情報発信する必要性を痛感した．

●● 気づいてからの対応

　病院を見舞った際，「昨日退院された」と聞いて，ご家族，ケアマネジャー，そしてご本人に連絡を取り，そのままご自宅へ向かわせていただいた．結果，15種類の薬を目の前にして途方に暮れているご本人に気づくことができた．その後，薬は内服時間別（朝・昼・夕・寝る前）に分類し，1回分ずつご本人がいつも過ごされているソファーの前のテーブルの上に，次回の訪問者が来るまでの分をセットした．またケアマネジャーに相談し，次回より薬を一包化してもらえるよう病院と調整していただいた．結果，現在はご本人が混乱することなく内服できている．

　それからというものの，独居の方の訪問，もしくは高齢者同士の世帯にお伺いする場合は，薬の有無，飲み忘れなどの確認に加え，薬の管理，セット方法も適切かどうか確認するようにしている．

解説

　「退院時の服薬指導」は必要な場合に行われるであろうし，今回は利用者が記銘力低下など認知症症状を伴っていたので，担当セラピストは「当然，行われる」と判断してしまった．同じように，退院時，移乗介助など，当然，家族指導が行われていると思い込んでいたが行われておらず，退院後，ご家族が困り果てることなどもある．特に短期間の入院で，かつ利用者の状況が詳細につかめないままの退院になる可能性がある場合，在宅サービスに携わっているスタッフからの情報（『日常会話の受け答えはよいですが，記銘力低下があるため実際は覚えておられないことがほとんどです』など）が安全な退院につながると考え，ささいな情報でも積極的に発信していくことが重要である．

スタッフ編

18 「薬は飲みたくない」

●● きっかけとなった場面（症例）

　80歳代，女性，脳梗塞後遺症．介護保険で訪問リハビリを利用．介護付き高齢者住宅へ入居中．認知症により見当識・記憶力の低下がみられる．リハビリでは余暇活動の支援，移動・ADL能力の維持を目的として週1回の介入を行っていた．訪問リハビリスタッフとの関係性が構築されてきた頃に「拒薬があり，無理に勧めると怒ってしまう」と介護スタッフより相談あり．血圧が高くなり，気分不良の訴えが増えてきた時期であった．顔なじみの訪問リハビリスタッフやご家族が服薬を勧めると，なんとか服薬可能であるが，デイサービスや高齢者住宅では拒薬が続いていた．ご本人は「薬は飲まないほうが元気になる」との思いが強く，服薬に対して毎回強いストレスを感じている．服薬時は，毎回大量の水を飲んでおり，ご本人はとてもつらそうであった．また，食後に薬を飲まないといけないというストレスにより，食事が楽しくなくなり，拒薬が続いたことで体調も悪化し，「胃がむかむかする（高カルシウム血症の症状）」との訴えもあり，徐々に食事量が減りほとんど食事を食べられなくなっていた．

●● 気づかされた言葉（場面）

　ご本人より「お水が変な味するよ．薬もおいしくない．飲まないといけないですか…」
　ご家族より「グァバジュースが好きなんです」
　他スタッフより「ジュースで飲んでみたら？」

●● そのときのスタッフの心の中

　「今まで飲んでいた水とは味が変わっていて，おいしくなかったんだ！」
　「ジュースで飲んでも大丈夫な薬だってあるのに気づいていなかった！」

●● 気づかされた内容

　ご本人は高齢者住宅で出される水の味が苦手であった（一度沸騰させた水道水を飲用水としていた）．また，大きな錠剤はなかなか飲み込めず，口の中に残ったままとなっていたようである．訪問リハビリスタッフは，前入居施設でも拒薬・拒食があったとの情報があったことや，「薬は水で飲まないといけない」という思いにとらわれていた

ため,ジュースで飲むことには考えが至らなかった.

●● 気づいてからの対応

　主治医にジュースでの服薬を確認するが,その際,主治医より「食後に拒薬するよりも,多少時間が経過してからでも服用するほうがよい」とのアドバイスをいただいた.その後,薬は無理に勧めず,ご本人が飲めそうなときに,好きなジュースで飲んでもらうことにより,"変な味"の緩和,"食後は薬を飲まないといけない"というストレスの軽減となった.また,薬を粉末にしてもらいゼリーなどに混ぜて出すことで,飲み込みづらさの解消となった.その結果,高カルシウム血症の症状である食欲不振や胃のむかむか感が減り,食事量が増えた.「無理に服薬を勧めると怒ってしまうやっかいな人」と考えていた他のスタッフも,ジュースやスープに混ぜて出すことで怒られることがなくなり,「こちらが工夫してあげれば大丈夫な人」との認識の変化が起こり,ご本人と他のスタッフの関係性も良好なものとなっている.

解説

　介入前に状況を把握しない段階で,「○○に拒否傾向の方」「理解が悪い方」「自己主張の強い方」などの情報を得ると,「やりにくい利用者かも」という,本来はあってはならない先入観が入ってしまうことはないだろうか? 大抵の場合,丁寧に状況を確認してみると,ご本人が拒まれることやスタッフ側に理解されにくいことは,ご本人の状況に当てはめて考えるとごく当たり前の訴えであることが多い.スタッフ側の説明不足でご本人の理解が難しくなっている場合も少なくない.「水が変な味がするので飲むのがつらい」「錠剤は飲みにくいのでつらい」という理由も「拒薬する人」という先入観と「服薬が苦手な人」という先入観では,異なるニュアンスの理由に聞こえてしまう未熟さが,まだまだ私たちの中に存在することを認識しなければならない.
　また,ジュースで内服したように,「『内服は水』が当たり前のこと」と思っていることが本当にそうでなければいけないことなのか,あるいは多少それても大丈夫なことなのかという視点や考え方は,時にご本人のストレスを軽減したり健康で快適な在宅生活を送っていただくためには必要なことである.ご本人の置かれている状況を評価できる知識や,気持ちを察しようとする努力,それに対応できるさまざまな方法に気づき,試していくことが重要である.特に人それぞれの生活スタイルがある在宅サービスには"臨機応変"な対応が大切である.

スタッフ編

19 家族間（姉妹）での介護に対する考え方，危険に対する考え方の違い

●● きっかけとなった場面（症例）

　70歳代，女性．要介護5．脳出血（右被殻出血），小脳出血にて重度の左片麻痺・高次脳機能障害（注意障害・半側空間無視）の症状あり．夫と二人暮らしで近くに住む娘さんたちが日中介護をしており，どの娘さんも，訪問リハビリスタッフからの介助方法の提案・アドバイスをすぐに取り入れるなど介護に非常に積極的である．

　訪問リハビリは「介助方法（移乗・トイレ動作）の指導・アドバイス」を目的に介入．介護サービスとして，週1回の訪問リハビリ，週5回の通所リハビリを利用．訪問リハビリ時には主に次女が同席．週5回の通所リハビリへは，自宅内から廊下へ出る急斜面のスロープを通って送迎車までを通所スタッフが介助している．最近では，ご本人のために福祉車両を購入しご家族で外出する機会が増え，ご家族のみで自宅から車までの移動を介助するようになった．環境としては，自宅勝手口から廊下までの段差が30〜40 cmほどあり，段差解消のための手作りのスロープを使って出入りしている．勝手口の幅は狭く，スロープの両サイドに転倒防止用のガードがなく，斜面が急なため，昇降時にはタイヤがスロープから落ちないよう注意する必要がある．

　ある日外出のため，次女が車いすが前向きのままスロープを降ろそうとしているところを長女が見て「やめて！　危ないから，後ろ向きで降ろしてちょうだい!!」と言うも，次女は「ちょっとだし，大丈夫．今までも大丈夫だったし」と答えた．それを聞いて，いつもは声を荒げることのない長女が「もう，私がする！」と怒り，次女に替わって車いすを後ろ向きで降ろしたとのことである．

●● 気づかされた言葉（場面）

　ご家族（長女）から「次女が外出の際，前向きのままスロープを降ろそうとしていて注意すると，"ちょっとだし，大丈夫．今までも大丈夫だったし．"という反応だったんです．危険な方法で介助していて，怒りというよりも，とてもショックで悲しかったです」と話があった．

●● そのときのスタッフの心の中

　「スロープや段差では，後ろ向きで降ろすのは当たり前だと思っていた…」

「移動時の介助方法の確認や指導を行っておけばよかったなあ」

●● 気づかされた内容

　訪問リハビリの介入目的の一つが「自宅内での介助（移乗・トイレ動作）方法の指導・アドバイス」であったため，その目標に沿っては介入できていたが，目的に含まれていなかった「外出するときの移動方法の指導・アドバイス」は行っていなかった．福祉車両を購入していることも時々外出していることも訪問リハビリスタッフは把握していたため，本来は実際に確認すべきことであった．

●● 気づいてからの対応

　姉妹間で注意・指導すると，どうしても"角が立ってしまう"ので訪問リハビリスタッフから伝えてほしいと長女からの希望があり，訪問リハビリスタッフからアドバイスを行った．その際，姉妹の間で気まずい雰囲気にならないよう，次女がいつも慎重にスロープを利用されていることや，車いすのお母さんと外出されることはとても大変なことなのに，頑張っておられることに感銘を受けていることを伝え，今後も外出を安全に継続していただきたいので，より安全な方法（後ろ向きでスロープを降りること）を提案させていただいた．次女も快く提案を受け入れてくださり，それからは外出時，スロープを後ろ向きで下るようにしてくださった．

解説

　介護に積極的で愚痴などをもらさないご家族に対して，セラピストは勝手に「上手に介護ができている」と思い込んでしまっていることはないだろうか？　今回のケースのようにご家族が皆，協力的であればなおさらそう思い込んでしまうかもしれない．「積極的・愚痴をもらさない＝介護が上手・安全」とは限らないことと，介護者が増えれば，介護の方法も同じでないということを認識しておかなければならない．

　また，取り組んでいるプログラムに関連する介助については，セラピストも意識が向いているが，プログラムに関連していない介助については見落としがちになるため，常に利用者の生活パターンやスタイルをイメージしたり確認することで「○○場面では，どのように介助しているのだろう？」「家族一人での介助では，ぎりぎりの方法をとられているのではないか？」「ご本人に苦痛は伴っていないだろうか？」など，確認すべきポイントが多く存在することに気づくであろう．

　さらにご家族が行っておられる方法が，負担の多い危険な方法であることも少なくなく，セラピストが「普通はこういう介護方法をとる」という「普通」は，ご家族には思いもつかない方法であったりすることもある．よって，口頭だけの確認ですませることなく，必ず実際の場面を確認することが必要である．

スタッフ編

20 汚れているよね…

●● きっかけとなった場面（症例）

　80歳代，女性．要介護2．大腿骨顆上骨折（固定術施行．ボルトの緩みあり）．性格は貴重面であり慎重ではあるが，動作制限があるも自身で動いてしまう．退院後のADLはほぼ自立しており，家事動作は同居の夫が行っている．3階建ての鉄筋コンクリート造りの3階に夫と住んでおり，エレベータが付属．3カ月前に自宅で転倒し受傷．術後ボルトの緩みや骨癒合の遅滞による活動量の制限のため，退院時には固定型四点歩行器での歩行状態であった．疼痛の緩和を行いつつ歩行能力の向上と筋力訓練での訪問リハビリ介入開始となった．

●● 気づかされた言葉（場面）

　退院後より週3回の訪問リハビリを開始し，歩行能力と骨癒合が改善されてきたため介入2カ月後よりT杖での歩行練習を開始．また1カ月半後から屋外歩行・屋外での階段昇降練習へと移行していた．室内での歩行練習と屋外での歩行練習の際は同じT杖を使用していた．屋外歩行練習を開始して2〜3週間ほど過ぎた訪問日，屋外歩行後，ご本人が玄関先で履いていた靴下を脱ぎ出し，その靴下で杖の足の裏を拭き取っていた．ご本人は何もおっしゃらなかったが，「外に出たから汚れている」という感覚で拭き取ったものと思われる．

●● そのときのスタッフの心の中

　「えっ!?　何で拭いてるの!?　しゃがむなんて難しい体勢までして，危ないよ…．あっ!!　そうか！　外に出たんだから杖の先だって汚れてるんだ！　汚れたもので家の中に入りたくないし，拭くのは当たり前だよね」

●● 気づかされた内容

　ご本人が拭き取った際に，「杖も汚れている，それは土足で家の中に入るのと一緒なんだ」と気づくことができた．それまで杖が汚れた状態で，ご本人に家の中で杖を使用してもらっていたと気づき，申し訳ない気持ちで一杯となった．昨年まで回復期リハビリ病棟に勤務していた際，入院中での歩行練習では室内・室外のはっきりとした

40

境界線はなく,「汚れている」という感覚は薄れていた.もし,訪問リハビリスタッフが同じ立場であったら,自身の家の中に入る際は靴を脱ぐし,「汚れたもの」は拭き取るはずである.実際に,訪問リハビリスタッフ自身,小さな子どもを持つ母親として衛生面などには気をつけているため,「汚れたもの」を自宅に入れることは,本来考えられないことである.

●● 気づいてからの対応

　ご本人に杖の件について気づかず,申し訳なかったと謝罪し,その後は訪問リハビリスタッフが持参するアルコールティッシュやご本人宅にある,濡れティッシュで拭き取ることを心がけている.また,交代で訪問しているもう一人の訪問リハビリスタッフも気づいていなかったため,杖の話を伝え拭くことを確認した.一方,このことがあってから,他の利用者に杖の先や歩行器の先を拭き取ることを提案すると,「もう,この家は汚いから今さら拭かなくてもいいよ!」や「あっ,そうか! たしかに汚いね! これからは拭くようにしようかな!」などさまざまな反応が返ってきた.衛生面には個人差があると感じた.

解説

　お伺いする利用者の自宅・生活とスタッフ自身の自宅・生活とでは価値観や基準が異なることは,在宅に伺うサービス提供者としては気をつけるべきことの一つである.本ケースの場合,利用者が杖の先を拭き取っていることにセラピストが気づいたのは,セラピスト自身も自分の自宅と置き換えて考えたときに「衛生的に抵抗がある」と気持ちの一致があったためであろう.場合によっては一致しないこともある.その一致がスタッフ側に備わっていなければ,利用者に不快な思いや精神的負担を負わせることになる可能性がある.内容によっては身体的負担を負わせることがあるかもしれない.今回のような衛生面に限らず,室温・臭い・整理整頓・リズム・おもてなしなど多岐にわたる.

　訪問リハビリスタッフも在宅で生活する一個人なので,すべての価値観や基準が利用者と一致することは難しいかもしれない.しかし,一つでもそれらへの気づき,ご本人やご家族へ声かけができたなら,「細かいところまで気をかけてくれている」と信頼感も生まれる可能性もある.反対に,利用者が気にかけていない場合も,その利用者の価値観や基準を知る機会となるであろう.

　このような細かい気配りから利用者一人ひとりに沿った「気配り・心配り」が生まれるのではないかと考える.

スタッフ編

21 自宅で過ごせることの安心感…
~誰にとっても通所がよいわけではない

●● きっかけとなった場面（症例）

　90歳代，女性，要介護2．長男夫婦と同居され，ご家族も協力的でご本人のことを大事にされていた．腰痛や肩の痛みがあり，動作時に苦痛を伴うが特に治療が必要な病気はなく，高齢ということで徐々に活動性が低下していた．介護保険は福祉用具レンタルと訪問リハビリのみであった．通所サービスは過去に利用されていたが利用中に転倒した経験があり，その恐怖心から現在は利用していない．訪問リハビリでは，「起居動作やベッドからのトイレやポータブルトイレへの移乗がご家族の負担にならない程度の介助で継続できるように」との目的で，痛みや筋力低下予防，動作確認で介入していた．年齢とともに，徐々に動作が低下しご家族の介助も増えつつあり，ちょうどその頃，嫁の体調不良も重なり特に入浴に関しては介助負担が生じてきていた．

　そこでヘルパー利用も検討したが，日中，ご家族の休息時間も確保するという目的にて，訪問リハビリスタッフからケアマネジャーに通所サービスの利用を提案した．ケアマネジャーは，以前，通所サービスの利用を見合わされたことも考慮して，まずは見学していただくことをご本人とご家族に提案した．

●● 気づかされた言葉（場面）

　通所サービスの見学が決まった頃から，ご本人の体力が急激に低下し，それに並行して精神的にも活気がなくなってきた．元気がなくなってきたご本人から「デイサービスにいくということは，家族に見放されたという感じがする」という言葉が聞かれた．

●● そのときのスタッフの心の中

「訪問入浴サービスを使って安心できる自宅で気持ちよくお風呂に入るほうがよかったんだ」

●● 気づかされた内容

　ご自宅で入浴されているが，ご家族の負担が増え，ご本人も楽な状況での入浴ではなくなっていた．また，その他の時間のご家族の介護負担も増えてきていたので「通

所サービス」を利用すれば，それらが解消できると考えていた．しかし，ご本人は「いつも介護してくれている家族が，もう自分のことを見切れなくてデイサービスにいくことになってしまった」と感じてしまわれた．そういうご本人の気持ちは，ご自身からは発しにくかったであろうし，実際にそのことを知らされたときには，ご本人はすでに心身ともに弱ってしまわれていた．当初から，その気持ちを理解していれば，利用回数によっては清潔や活動性向上が十分に得られないかもしれないが，何よりもご本人が自宅というご家族がいる環境で，安心して利用できる訪問入浴を検討するほうがよかったかもしれないし，徐々に弱ってきておられるという時期を考えても「快適な入浴」を優先する時期であった．

●● 気づいてからの対応

さまざまな理由により，ご家族による介護が提供されなくなったとき，「見捨てられた」のでなく「他の人にも手伝ってもらったほうが，これから先も長くご家族が○○さんの介護をできるのですよ」と説明したり，ご家族の方にも，ご本人がそのように受け取らないように声かけをしていただくようにアドバイスしたりするようになった．また，そのサービスが身体的に「向上」するものであっても，ご本人が「不安」を抱くようなときは不安が軽減できるよう，より丁寧に関わるようにしている．

解説

どれだけ介護者が「苦労してないよ」と言っても，介護を受ける側は誰しも「人に迷惑をかけている」と少なからず感じておられる場合が多い．だからといって「施設に入る」「通所に行く」と積極的に考えることには葛藤があるであろう．その「施設」「通所」の利用が現実的になったときに，「やっぱり，家族に負担をかけている」「自分がいないほうが家族は楽なんだ」と考えても不自然ではない．したがって，いつも介護をしてくれているご家族から離れるサービスを導入する際には，その部分を関わるスタッフ全員で慎重に確認・共有する必要がある．特に高齢者は，精神的なストレスでうつ傾向になりやすい場合があり注意が必要である．ご家族が献身的に愛情を持って介護にあたっていたとしても，ご本人は不安をどこかで抱えているかもしれないということを忘れてはいけない．

スタッフ編

22 本人が「えいっ！」と思うとき
～本当はできる能力があったのに

●● きっかけとなった場面（症例）

　80歳代，男性，要支援2．妻との二人暮らし．腰椎圧迫骨折にて自宅内は歩行器と杖を併用されていた．訪問リハビリでは，当初，歩行器の利用に慣れておらず不安が大きいため「歩行器の利用方法の練習」という依頼であったが，お話を伺うと，骨折前は自立レベルの方でご自分で自家用車を運転して外出されていたとのこと．そのため，訪問リハビリでも最終目標として「外出」を提案し介入開始となった．提案した自主トレーニングも熱心に行われ，順調に動作もスムーズになり歩行器を利用されることも少なくなった．屋外歩行の練習に移ってもよい時期を迎えていたが，ご本人に不安があり，なかなか実施には至らない日が続いていた．ある日，「明日，病院受診です」とおっしゃったため，いつもはご家族が近くの駐車場から自宅前まで車で迎えに来られるのであるが，訪問リハビリスタッフから「では，一緒に駐車場まで歩いてみましょうか？」「大丈夫だと思いますよ」と提案したが，その日は天候が悪かったため，次回実施することとした．

●● 気づかされた言葉（場面）

　翌週，駐車場までの屋外歩行訓練を実施する予定で伺うと，ご本人から「先週の通院の日，駐車場まで歩いたよ．少しきつかったけどどうにかできましたよ」と報告があった．

●● そのときのスタッフの心の中

　「たしかに『大丈夫だと思いますよ』と言ったけど，あの一言で『えいっ！』と思われたんだ」

●● 気づかされた内容

　能力的に可能なレベルになっておられたので，訪問リハビリスタッフから何度も「外歩きの練習をしましょう」「歩けるようになっていますよ」と説明しても，不安はぬぐえなかったのに，今回，急に思い立たれたのは，おそらく「一緒に」「大丈夫」という声かけがきっかけだったと考えた．「一緒に」は「手伝う」「介助する」わけでもなく，

「歩ける者同士が一緒に」というニュアンスでご本人は感じられたのかもしれない．また「大丈夫」も無責任に言ったわけではなく，一緒に行ってきた自主トレーニングや歩行訓練が順調に成果を出していたことが，訪問リハビリスタッフの発する言葉になんらかの信頼を置いていただけていたのかもしれない．

●● 気づいてからの対応

　私たちはご本人にとって「自分ができないことに対し練習を提供する人」となってしまっていることが多いため，できる能力レベルの方には「できることを一緒にする人」という視点での提案をするよう意識するようになった．しかし，そのためには，訪問リハビリの利用が，ご本人にとってなんらかの成果や影響を与えなければならない．それは，動作や環境整備など目にみえるものであったり，精神的なサポートなどご本人にしか感じることができないものである．「一緒に」「大丈夫」の前に，信頼してもらえる経過があるかどうかを振り返るようになった．

解説
　「能力的には可能レベルですが，ご本人の不安が強くて自立には至りません」というスタッフの報告を在宅に限らず，病棟でのカンファレンスで耳にしたり，引き継ぎサマリーで目にすることがある．「不安がある」ということは「自立」のレベルではないと考える．

　「能力的に可能なレベル」となったなら，次は「自信」を提供するアプローチに移るように意識すべきである．そのアプローチ時にする声かけとして「一緒に」「大丈夫」は，ご本人にとってとても安心をもたらす言葉である．自分たちに置き換えてもそうであるが，何か新しいことに取り組むとき，最初は不安で誰かに手伝ってもらったりアドバイスを求めるが，徐々に他者の手助けなく自分で行えるようになり，その経過の中で「一緒にやってみる？」「もう一人でも大丈夫だよ」と声をかけてもらえたとき，「よし，やってみるか！」という気持ちになり，うまくできたときは確実に自信が芽生えているという経験は，誰にでも少なからずあるのではないだろうか？

　自分たちが経験していることを，そのまま利用者にも提供するだけのことであるのに，自立に至らないことをなぜか利用者側の問題にしてしまっている．「『不安がある』ということは『自立レベルではない』」という視点を持って，利用者とのかかわりを振り返ってみたい．

スタッフ編

23 高齢者の家庭内での役割について

●● きっかけとなった場面（症例）

　80歳代．女性．要介護3．左大腿骨頸部骨折，両側網膜静脈閉塞症，両肩変形性関節症，腎不全，軽度認知症．介護保険での訪問リハビリを利用．夫，息子夫婦と同居（二世帯住宅）．息子夫婦は自営業を営んでいるため，日中は自宅に夫と二人のことが多い．ご夫婦関係は良好で，仲むつまじいお二人である．身の回りのことは自立されており，食器の片づけ，洗濯物をたたむ，テーブルを拭くなどの簡単な家事をされていた．「自宅内での安全な移動手段の確立」「下肢の筋力維持」「起居動作の確立」を目的に訪問リハビリを利用されている．

　ある時期に夫が体調をくずし入院．退院後は，寝たきり状態となり介護を必要とするようになった．妻であるご本人は，日中をほとんど夫のベッドサイドで過ごすことが多くなり，顔の清拭や夫のために歌を歌ったり，おむつ交換時の道具の手渡しなどの手伝いを行っていた．ご本人も徐々に視野狭窄や視力低下（室内の明暗がわかる程度）により，自宅内での歩行器での移動が困難になり，転倒のリスクが高くなってきた．夫の介護の補助をすることで役割を感じ精神的にも緊張感が保たれていたが，夫が亡くなってからはその役割も失い，精神的にも活気がなくなってきた．今まで行っていた家事や行事も，夫に寄り添っている間に嫁が担うようになり，ご本人の家庭内での役割がなくなってきている．ご本人も，ご家族に頼るばかりの生活に申し訳なさも感じている様子である．

●● 気づかされた言葉（場面）

　夫の他界後，精神的にも落ち着いてきた頃，ご本人の目標を聞くと「早くよくなって家のことをやりたい．迷惑をかけてばかりで申し訳ない」と話された．

●● そのときのスタッフの心の中

　「危ないし，元気がないから今は無理だろうと活動を制限してしまっていたけれど，ご自身は役割のないことを気にされていたんだ．もっと早くご本人の気持ちを確認していたらよかった」

●● 気づかされた内容

ご本人自身，日常生活に介助を要するようになり，夫の介護で家事に携わる機会が減るのは自然なことで，かつ夫の他界後は，しばらくゆっくりされたほうがよいと考えていたのは，訪問リハビリスタッフをはじめ周囲の人の考えであり，ご本人の思いとは相違があった．

●● 気づいてからの対応

ご家族へご本人の気持ちを伝え，簡単な家事をご本人に再び行っていただけるよう協力を求めた．ご家族からは，任せると時間がかかってしまうことや転倒に対しての不安の訴えがあったが，タオルたたみやテーブル拭きなど座ってもできる簡単なことから取り組んでいただくようお願いした．また「ありがとう」などの声かけを，いつもより多めにしてもらうこともお伝えした．行事の時期には準備の段階からご本人へも声かけをし，手順などを一緒に確認して準備を進めていただくなど，ご本人に行事に携わってる実感を持てるようなかかわり方を提案した．リハビリスタッフからもご本人へ日々の様子を伺い，家事に携わることでご家族も助かっておられることを確認・実感していただくように心がけた．少しずつご本人に活気が戻ってくると，ご家族自ら，ご本人ができそうな家事を依頼されるようになり，ご家族自身も自分たちのかかわりの重要性を認識されるようになった．

解説

高齢の場合，活動性の低下や環境の変化による役割の減少を「高齢だから」「家族がやってくれるから無理しなくても」などの周囲（ご家族，訪問リハビリスタッフ）の勝手な解釈で見逃してはいないだろうか？ ケースによって役割の種類や量は異なるが，高齢であっても，その人にとっての役割が担えなくなってきた原因を評価し，ご本人の意向を確認しつつ役割の確保に努めなければ，ご本人の心身の低下を自然なものだと思い込み，誰も気づけないままとなる．

また，今回のケースのように，ご家族の介護にあたっている間（がんのターミナルの場合も同じ）に，それまで行っていた自分の役割を遂行しない時期が続き，知らないうちに家庭での役割がなくなる場合も少なくない．さらに介護していたご家族の存在がなくなった状況で，ご家族によっては，自分だけの力ではその失った役割の再獲得のタイミングがつかめないままでいることも少なくない．訪問リハビリでは，利用者自身が他界されるとそのご家庭への訪問は終了するが，同時に残されたご家族がどのようにその後の生活を営まれるのかも知らない．最期の時間が近づいているケースへの，ご家族への役割のあり方も念頭に置きながらのサービス提供も必要と考える．

スタッフ編

24 進行性神経難病の方の目標設定と精神的サポート

●● きっかけとなった場面（症例）

　70歳代，男性．要介護3．約2年前にALSの確定診断を受ける．発症・確定診断直後は筋力低下を防ぐため，スポーツジムに通うなどもされていたが呼吸苦が強くなり，1年前に人工呼吸器をつけるため入院となる．「元どおりにしゃべれるようになりたい」との思いが強く，退院と同時に訪問リハビリの利用が開始となる．訪問リハビリ開始当初，ADLは入浴・更衣が介助レベル．屋内移動は伝い歩きで自立．食事・排泄は自立．主介護者は同居の妻だが，近隣に住んでいる息子・娘も積極的に援助している．

　退院直後，人工呼吸器によって発声がどのように制限されるのか，十分理解をしないまま気管切開の手術を受けたようで，元どおりに声が出ることに対する要望が強かった．入院中，言語聴覚士より指導された発声方法で訪問リハビリでも練習を継続していたが，発声の能力は維持もしくは少しずつ低下していく状況であり，ご本人の希望とはかけ離れていた．在宅生活が始まり，少しずつ気管切開前の発声・会話は困難であることを理解されてくると塞ぎ込みがちになり，発声練習にも消極的になっていった．また，外出機会もなくなり人との交流も避けるようになっていった．

　訪問リハビリでは，発声練習と並行して身体面へのアプローチを継続しながら，今後の予後も考慮し，発声以外のさまざまなコミュニケーション方法の紹介や電動ベッドの導入など環境調整を検討していきたいと考えていたが，なかなかご本人からその意志はみられなかった．

●● 気づかされた言葉（場面）

　訪問中，発声練習を「今日はやらない」とおっしゃる日があったり，コミュニケーションツールを紹介しようとしても「今はいらない」とおっしゃる日があった．訪問リハビリスタッフが理由を問うと，「何もしたくないんだ，こんなもの（人工呼吸器）をつけて生きていてもしょうがない」との言葉が返ってきた．

●● そのときのスタッフの心の中

　「本当に落ち込んだり絶望しているときに，やりたいことや目標なんて見つけられ

ず何もしたくなくなるのかもしれない」

●● 気づかされた内容

　リハビリの場面では当たり前のように，ご本人やご家族にリハビリに対する希望や目標などを決めて練習などを進めていくが，利用者が自分の病気の受け入れや未来に対して絶望しているような状況のとき，そもそもの生きる意欲や欲求が失われることがあるということを改めて強く認識させられた．精神面での配慮をしていないわけではなかったものの，訪問リハビリスタッフが見据える予後と利用者が考える将来にはギャップがあることもあり，ご本人やそのご家族に寄り添い，その意志を尊重したタイミングで，さまざまな提案をしていくことの大切さを改めて感じた．

●● 気づいてからの対応

　無理に発声練習やコミュニケーションツールの紹介はせず，ご本人の気持ちを尊重しながらご本人の体調や気分に合わせて運動を取り入れたり話をしたりし，タイミングをみていくことを優先した．ご本人は声が元には戻らないことを少しずつ受け止め，筆談やジェスチャーなどでご家族とのコミュニケーションをとるようになっていった．コミュニケーションツールの導入などは，ご本人の拒否が続いており進んでいないものの，ご家族の誘いでドライブに出かける計画も挙がっている．

解説

　進行性の疾患の場合は，ご本人・ご家族が病気とその予後の受容に時間がかかることも多い．予後を見据えることができないまま進行をたどるケースも少なくない．最近はご本人やご家族でもインターネットなどからさまざまな情報を得ることができるが，最終段階の状況は，ある程度イメージできたとしても，その「経過」を自分自身に当てはめて考えることは難しく，疾病の予後を知る私たちとのイメージのギャップが生じるのは避けられない現実でもある．しかし，確実に進行していく中で，「進行していく現状」「進行しても可能性のあること」「サポートするスタッフ・チームがあること」などを共有し，ご本人からの希望や要求，挑戦などが引き出せるようサポートすることが大事である．

　最近は，進行性疾患への訪問リハビリ介入も増えているが，コミュニケーションが難しくなってからの介入が多い．もっと進行の早期に介入できれば，動作の工夫，福祉用具導入などにおいてご本人の意向を取り入れやすく，またそのような可能性を見出す作業を共にすることで，ご本人が前向きに疾病と向き合うための支援となることもある．

スタッフ編

25 独居の方への体調管理の習得について
～回復期リハビリ病棟からの引き継ぎ

●● きっかけとなった場面（症例）

　60歳代，女性．10年前に小脳梗塞の既往あり．今回，視床出血発症後，両不全麻痺となる．要介護1．夫は7年前に他界し独居生活．キーパーソンは近隣に住む長女．回復期リハビリ病棟退院後，屋外活動支援を目的に訪問リハビリを開始．娘に負担をかけないように生活したいとの希望あり．ADLは自立レベル．屋内移動であればT杖使用にて自立．家事活動はヘルパーサービスを利用し，清掃・調理介助を依頼，週3回は宅配食を利用している．

　自宅生活が始まるにつれ，退院直前より認めていたしびれの訴えが強くなり，精神的なイライラや不安が増えてきた．訪問リハビリでは，屋外活動の練習に加え，しびれの把握と精神的な負担の軽減を目的に関わり，主治医への報告などの連携を図った．その1カ月後，ご本人の希望にてしびれに対する処方薬が倍増となる．しびれの症状は完全には治まらず，ご本人も先行きの不安を強く抱くようになっていった．訪問リハビリでは，しびれの把握に努めながら外出活動の向上を図り，独居生活の確立を目指したかかわりを行った．

●● 気づかされた言葉（場面）

　独居生活が2カ月経過した頃のサービス担当者会議の際，ご本人の顔色の変化に気づきバイタルを測定した結果，39度の高熱と皮膚の湿疹が認められた．ご本人はまったく自覚症状も緊急事態である状況の認識もなく，さらに「日々の生活を続けることに必死で，体調不良になったときのことはまったく考えていなかった．前も生活できていたから大丈夫よ」との楽観的な発言あり．キーパーソンの長女や実妹，従姉など，日々交流を持っている方に連絡するもつながらず，ケアマネジャーとともに外来受診に付き添い対応した．結果，倍増になったしびれに対する薬の薬疹であったことがわかり，その後は処方薬が中止となった．しかし，その後もご本人はしびれに耐えられず，薬の変更と薬疹の繰り返しが続く生活となった．

●● そのときのスタッフの心の中

　「え～っ！　今まで（発症して10年以上も経っているのに）緊急事態のことを考えた

ことなかったの？ 体調管理もあまり意識していなかったんだ‼」

●● 気づかされた内容

　小脳梗塞後遺症を呈しながらも15年以上独居生活を送っていたことから，緊急時の対応能力はあるだろうと訪問リハビリスタッフが思い込んでいたことで，今回のような対応の遅れが生じ，病態の影響による体調管理能力の不十分さを具体的に評価できていなかった．また発症後，長い期間，再発もなく経過されているので，ご本人自身が緊急事態に対する意識も薄れていくこともあるだろうが，私たちは発症後の経過年数にかかわらず，常に緊急時の対策は備えておかなければならないと気づかされた．

●● 気づいてからの対応

　体調不良が薬疹症状であることがわかってからは，主治医との連絡・相談を密に図り，外来受診の日程調整や服薬状況の確認を訪問リハビリでも関わっていく必要性を感じた．処方薬に関しては，ご本人の訴えを聞きながら経過を主治医へ報告した．薬の種類と量の調整がなされ，徐々に薬疹としびれの訴えが軽減していった．

　また，体調管理能力の習得も含め関わっていく必要性を感じ，自立心が高い方であったが，無理のない独居生活を続けてもらうために，娘同伴でのサービス担当者会議や定期的な現状報告など，緊急時の協力体制を作っていった．

解説

　利用者が独居生活の場合は，早期から体調不良時や緊急事態の対応能力の評価や手段の確立を図っておくことが重要である．さらに，発症後経過の長い場合や，対応がしっかりされている利用者の場合，訪問リハビリスタッフもどこかで「（それらの備えは）大丈夫だろう」と判断してしまうため，特に気をつけなければならない．セラピストの思い込みや評価不足が緊急事態の対応の遅さを引き起こしてしまうことがある．

　また主治医との報告・連絡・相談の業務は敬遠しがちだが，利用者の安全な生活の獲得のために，積極的なかかわりを心がけたい．経験の少ないセラピストにとっては，少し勇気のいる作業であるが，決して「評価したこと」を報告・相談するのではなく，「状況」を可能なかぎり正確に伝えることを意識すればよい．その報告をもって，主治医が判断してくださるはずである．大事なのは，「利用者の体調が安定していないということを『伝える』姿勢」を誠意を持って示すことである．

　ケースによっては，利用サービスが訪問リハビリのみのこともあり，ご家族よりも頻回にご本人の状況を確認できる訪問リハビリスタッフの役割は非常に重要である．

スタッフ編

26 利用者だけでなくご家族と話す時間も大切に
～実施計画書を通して感じたこと

●● きっかけとなった場面（症例）

　60歳代，男性．急性大動脈解離発症後対麻痺となる．キーパーソンは妻．家屋は，二階建ての持家で二階には長男夫婦が住んでいる．回復期リハビリ病院退院後，医療保険での訪問リハビリ開始となった．住宅改修を終えての退院となり，車いすに対応できるよう，外玄関から車庫の間には車いす用の段差解消昇降機が設置され，玄関内はスロープ状になっている．入院中から改造車の運転の練習を行っており，一人で外出することが可能となってからは，もともとスポーツ教室の指導者でもあるためスポーツ教室へ足を運んでいる．当初は「屋内外の環境調整」「車の昇降練習」「車いすのクッション選定」の目的で訪問リハビリの利用開始となった．これらが達成してからは「身体機能の維持・向上」「ADLの改善」を目的にリハビリを実施していた．
　ADLは移乗・排泄・更衣・入浴にヘルパーや妻の介助を要しており，困っている点や改善できることがないかと相談していたが，現在の生活様式で落ちついているということでADLに関しての要望はなく，リハビリの目的がはっきりしないままの継続となっていた．しばらくして事業所の都合により，担当する訪問リハビリスタッフが変更となった．変更後，担当となった訪問リハビリスタッフに同行した際，その訪問リハビリスタッフは実施計画書の原案をもとに，妻に日常生活の様子を確認していた．

●● 気づかされた言葉（場面）

　実施計画書の原案でADLの項目を一つひとつ確認していく中で，妻からは「トイレのとき，ズボンの着脱を手伝うけど，生地によってはうまく脱がせなかったり，本人とのタイミングが合わなかったりして脱がすのが大変」との訴えがあった．また，「お父さんは料理が上手だったのよ」と病前のご本人についても話をしていた．

●● そのときのスタッフの心の中

　「奥さん，介護負担を感じていたんだ」「料理が得意だったなんて初めて知った．また作れるようにならないかな」

●● 気づかされた内容

　以前から，妻からは「トイレのときにズボンの上げ下げが大変だけどなんとかやっている」との訴えはあったが，それ以外の介護負担の訴えは特になく，夫の話に合わせているという感じであった．ご本人がしっかりしている方なだけに，前任の訪問リハビリスタッフもご本人とのやりとりを主とし，妻とゆっくり話をする時間を作っていなかった．そのような中で，妻とじっくり話をする後任の訪問リハビリスタッフをみて，いかに前任の訪問リハビリスタッフが妻とコミュニケーションをとっていなかったかということに気づかされた．また，実施計画書をもとに説明を行うことで，一つひとつの動作の確認ができ，説明を受ける側も動作のイメージがしやすいため，課題や問題点の整理も行いやすいということを感じた．さらに今回のように，病前のご本人やご家族の背景を知るきっかけにもなる．

●● 気づいてからの対応

　その後も何度か本ケースに同行した．課題となっているトイレ動作を妻も一緒になって行ってもらい，改善できることがないか考えた．このように実際のトイレ場面を妻に再現していただいたり，話をする時間を作るようになってからは，妻からの訴えも増えるようになり，あいまいな目標となっていた「ADLの改善」に向けて取り組めるようになっていった．

解説　3カ月に一度の実施計画書は，多忙な業務の中で定期的に行われる事務的な作業となってしまう危険性がある．よって，実施計画書を利用者の生活の現状を把握するためのツールとして用いることは多くないかもしれない．現在の実施計画書が厚生労働省で作成された際，各項目ごとに留意するポイントが記された資料が同時に作成されたが，それを確認しているセラピストも少ないのではないだろうか？　今一度，確認してみるのもよいかもしれない．
　また，ご家族は「介護は少々大変でも仕方がないこと」「本人が多少，不自由を感じても仕方がないこと」と思いがちなので，「何か困っていませんか？」「大変なことはないですか？」という問い方では，たいていの場合「大丈夫」「なんとかできています」という返答になってしまうだろう．実施計画書をそれらの確認のツールとして使うか否かにかかわらず，そういう視点でのご家族支援を心がけたい．

スタッフ編

27 環境によって発揮できる能力に差が生じる

●● きっかけとなった場面（症例）

　Aさん，70歳代，男性．右足趾切断，腰椎圧迫骨折．ご本人の希望は『トイレまで歩きたい』であった．入院していた病院のリハビリスタッフからの申し送りでは，寝返り以外はほぼ介助を要する状態．車いすでの生活を目標に起居動作，平行棒内での立ち上がりを中心にリハビリを実施（入院期間約半年，毎月〜土曜：理学療法士・作業療法士の介入）していたが，リハビリに対して拒否が強く，ご本人は動ける能力はあるが積極的にリハビリに取り組まれず．

　退院後，訪問リハビリ（週3回）開始．訓練内容は，筋力増強訓練，起居動作訓練，立ち座り訓練，移乗動作訓練，歩行器歩行訓練，トイレ動作訓練，環境設定を実施．1カ月半後，起居動作は見守り，歩行器を用いてトイレまでの歩行が可能となる．急な膝折れに備え，妻が後方から軽く支える介助は必要．

　Bさん，80歳代，女性．十二指腸潰瘍穿孔後廃用症候群．ご本人の希望は『膝と腰が痛い．トイレまで安全に移動したい』であった．入院していた病院のリハビリスタッフからの申し送りでは，起き上がりは介助，トイレはポータブルトイレを使用し介助を要する状態．恐怖心が強いが能力はあるため，なるべくご本人に行ってもらうよう促しながらリハビリを実施した（入院期間約1カ月，毎日：理学療法士・作業療法士の介入）．

　退院後，訪問リハビリ（週3回）開始．体幹・膝のROM，筋力増強訓練，立ち座り訓練，歩行器歩行訓練，トイレ動作訓練を実施．約3週間後，起居動作は自立．トイレは歩行器または夫の介助にてトイレまで移動可能．トイレ動作は一人で可能な場面も増えていった．

●● 気づかされた言葉（場面）

　歩行練習中にAさんから，トイレ動作訓練中にBさんから，ともに『病院では，こんなふうにできなかった』とおっしゃられた．

●● そのときのスタッフの心の中

　「できる能力に変わりないのに病院と自宅だと感じるものが違うのかな．利用者ご

自身も病院には病院，自宅には自宅の環境に合わせて能力を発揮されていくのかな」

●● 気づかされた内容

　二人の利用者に共通していえることは，病院のセラピストはそれぞれ『能力はある』と評価しており，その能力を発揮できる場面があったのは事実であるが，病院ではその能力をうまく発揮できていなかった点と考える．それは，病院での生活の中で生じていた拒否や依存，そして恐怖心といった内容が要因ではないかと思われる．入院期間が約半年と長期間入院となっていたAさんは周囲の環境が整った中で生活をすることに慣れてしまい依存心が生じ，リハビリの拒否といった方向へ進んでしまったのではないか．一方，Bさんは，入院期間が短く，早期からご本人自身で動作を行うように促されながら入院生活を送ったことで，恐怖心が生じてしまったのではないかと考えた．

●● 気づいてからの対応

　Aさんに対しては，なるべくご自身で行える部分から課題を段階的に提示し，一人でもできるという自信を持てるようにアプローチしていった．Bさんに対しては恐怖心が強かったため，ご本人の中で動ける範囲を確認しながら，なおかつ訪問リハビリスタッフが絶対転ばないといった安心感を徒手的介入と口頭指示を入れながらアプローチしていった．そして徐々に，ご本人自身にて動ける範囲の拡大を図っていった．
　その後，病院から引き継ぐケースに関しては，入院時の期間・経過などをより詳しく情報収集するようにした．そうすることで，リハビリの導入や課題提示がより行いやすくなった．

解説　回復期リハビリ病棟などから退院後，継続的に訪問リハビリを利用される場合，入院中の経過については，病棟担当スタッフからのサマリーによるものがほとんどである．しかしサマリーは，心身機能やADLの状況に関してはいただけることも多いが，経過や経過の中でのご本人の心理状況については把握できない場合が多い．また，私たち訪問リハビリスタッフも，それらについては積極的に把握しようとすることは少ないのではないだろうか？「退院」という状況は皆同じであるが，それまでの「入院中の経過」はそれぞれである．よって，その続きを担う私たちは，「それぞれの経過の続き」を把握して介入することをもっと意識し，積極的に心身機能やADLの状況以外の入院中の情報も得るように努める必要がある．

スタッフ編

28 「リハビリの内容が違う」

~療法士間の連携不足で起きたこと

●● きっかけとなった場面（症例）

　40歳代，男性．筋ジストロフィー．両親・弟と同居しており母と弟も同疾患．徐々に筋力低下が進みほぼ終日ベッド上・車いす上の生活．上肢・手指の軽度な動作は可能も歩行は困難．電動車いすを使用し近隣の外出は一人で行っている．ADLは訪問介護を利用．

　医療保険にて，訪問介護・訪問診療を利用され，訪問リハビリは週2回（理学療法士・作業療法士）利用．訪問リハビリについてはご本人より「少しでも筋力低下を遅らせたい」との要望があり，「全身筋力の低下予防，関節可動域の維持，環境設定や福祉用具の選定」などを目的に訪問リハビリを利用されている．理学療法士の内容としては下肢中心に可動性の維持や筋力アップを図っていた．作業療法士は上肢・手指の機能維持を図りながら，車いすの調整など環境面の調整を中心に行っていた．

●● 気づかされた言葉（場面）

　ある時，ご本人より「担当セラピストによって訓練内容が違う．セラピスト同士での話し合いはちゃんとできていますか？」との旨を少し不安気に訴えられた．

●● そのときのスタッフの心の中

「えっ？　やり方が違うのは仕方ないのでは？」
「でも言われてみれば，詳しいやりとりはやってなかったなー」

●● 気づかされた内容

　訪問リハビリスタッフによってかかわり方や治療内容・方法が異なることに対して，当たり前（仕方のないこと）のことと思っていた．また「理学療法士・作業療法士で役割分担する」との暗黙の了解があるように感じていた．しかし，ご本人にとってはそのようなことはわからず，訓練内容の相違が大きいと訪問リハビリスタッフ同士が同じ目標に向かってリハビリを進めているのか不安になるものだと気づいた．訪問リハビリスタッフ間で普段から連携が取れていると思い込んでいたが，実際のところ，ご本人の本当の要望や不満に気づくことができていなかった．訪問リハビリスタッフ

間の連携不足があったと気づいた．

●● 気づいてからの対応

　ご本人には訪問リハビリスタッフによって役割分担をして限られた時間を有効に使っていくことを改めて説明した．その際，ご本人より「役割分担自体は問題ないが，自分が伸ばしてもらいたい，鍛えたい部分は毎回セラピスト間で統一してリハビリしてほしい」との要望があった．

　それ以降は訪問リハビリスタッフ間でプログラムを統一する部分を作り要望に応えつつ，訪問リハビリスタッフ双方の訓練内容や方法も話し合った．また，ご本人の言動や表情など気になったことを訪問リハビリスタッフ間で共有するように努め，カルテ記載も以前より具体的に記載し，次回のリハビリの際にもわかりやすいようにした．ご本人の不安も取り除かれたが，訪問リハビリスタッフ同士の情報交換は意識して継続するようにし，所属の事業所の管理者からも定期的に利用者宅を訪問してもらい，訪問リハビリスタッフに直接話しにくいことはないかなどを確認してもらうように対応している．

解説

　週に2日以上訪問リハビリを利用される場合，二人のセラピストで担当したり，理学療法士/作業療法士の2職種で担当することも少なくない．ある程度のプログラム内容を確認していたとしても，異なる人間が介入するためどこかで「まったく同じようにはアプローチできない」と思ってしまうことはないだろうか？　また，多くの利用者は職種の違いを理解されていないということを，セラピスト側は十分理解しているだろうか？　多忙な業務の中で，二人のセラピストでの密なプログラムの確認や情報交換は，互いが意識して臨まなければおろそかになる部分である．

　一方，利用者にとっては，どのセラピストが来ても満足できるサービスを受けたいと思われるのは当然で，二人担当であれば，どちらのセラピストも自分のサービスについて同様に考えてくれていると思われているであろう．よって，利用者に「二人で申し合わせをしてくれているのだろうか？」「なぜ，それぞれ，異なることをするのだろう？」などと思わせるかかわりは，利用者を不安にさせたり，時によっては不信感を招くこともあり得る．複数担当でなく，一人で担当すればそのようなことは防げるのかもしれないが，一人でのかかわりは視点も気づきも1/2になってしまうことを経験すると，複数担当でスタッフ同士のやりとりを密にして関わることが，より一層利用者の生活に寄り添ったサービス提供ができるということがわかるはずである．

スタッフ編

29 他施設（他職種）との連携の重要性
～口頭では伝わらない

●● きっかけとなった場面（症例）

　80歳代，男性．頸椎症，両変形性膝関節症，腰部脊柱管狭窄症，腰椎椎間板ヘルニア，要介護4．一軒屋平屋建てに妻と長女と三人暮らしであるが，長女は仕事に出ており夜遅くまで戻らず，日中は妻と二人で過ごしている．X年2月初旬に発熱が認められ1カ月半ほど入院となり，退院時，起居動作全介助，端座位保持軽度介助，立ち上がり中等度介助，移乗動作重度介助となった．また腰痛もあり体幹の柔軟性が乏しく，動作のすべてにおいて全身に過度の力を入れてしまう状態となっていた．

　退院後，週3回のデイサービスを計画していたが，以前，利用時中に便失禁をしてしまったこと，座っている時間が長く腰痛や疲労が出現するとの理由もあり，今回は週1回の利用とし，訪問リハビリを併用したいとの希望で介入開始となった．また妻だけでは介護ができず，整容，排泄，入浴でヘルパーサービスも毎日導入となっていた．

　訪問リハビリはベッドからの離床，移乗動作能力の獲得，座位保持時間の延長を目的に介入．ご本人主体で動いてもらうことで体幹の柔軟性が向上し，環境調整も行っていくことで徐々に端座位保持が可能となり，移乗動作も軽介助で行えるようになっていった．しかし，開始から1カ月ほど経った頃，妻が交通事故に遭われ自宅での介護が難しくなったため，ショートステイを利用することになり訪問リハビリはいったんお休みとなった．

●● 気づかされた言葉（場面）

　訪問リハビリをお休みしてから2カ月経った頃，妻の状態が落ち着いたためショートステイ（週4日）を併用しながらの訪問リハビリ（週1回）再開の連絡があり，事前にサービス担当者会議が開催された．そのときのご本人の状態は筋力低下や拘縮が著しく，再度，腰痛が悪化，端座位時には後方への押しつけが強く座位保持は困難，移乗動作も重度介助となり，ショートステイ利用前の状態よりもレベルの低下が認められた．

●● そのときのスタッフの心の中

「あれっ，なんでこんなふうに動けなくなったんだろう？（ショートステイ前にご本人の状態を伝えたのに）うまく伝達されていなかったのかな？」

●● 気づかされた内容

ショートステイ利用時に，介護スタッフへは口頭で現状の能力や移乗方法の仕方などは伝えていた．しかし，ショートステイ利用後，訪問リハビリを再開する際のサービス担当者会議のときに，実際に端座位保持をさせる方法や移乗方法のポイントを一緒にみていただくと，「そうやればいいのか」と介護スタッフからの声が聞かれ，当初の口頭だけでの伝達ではうまく伝わっていないことがわかった．

●● 気づいてからの対応

今後はショートステイ（週4日），ヘルパー，訪問リハビリ（週1回）となり，1週間の中でショートステイで過ごされる時間が多くなるため，ベッド上でのポジショニングやご本人の能力に応じた動作方法の写真を撮り，文章と一緒にショートステイ先のスタッフへ渡すように対応した．また，ショートステイ中においても電話でも状況の確認を行っていった．その後，ショートステイでの過ごし方にも変化があり，腰痛の増悪はなく，移乗動作の介助量も軽減してきていると報告を受けた．自宅ではヘルパーも導入していたため，ヘルパーにも写真を添付した書面を作成し，自宅でも同様の対応をしてもらえるようにし，連絡ノートで状況の確認を行っていった．

本ケース経験後，系列病院に入院した別の利用者がおり，その利用者に対しては病棟でのリハビリ場面に同行し状態を一緒に確認したり，紙面でも訪問リハビリの経過や利用者自身のこと，家族関係，環境面などの背景も報告するようにした．

解説

訪問リハビリ介入中に，入院やショートステイを利用する場面に遭遇することがある．入院・入所中に，今までできていた能力を発揮できず，維持できなくなって（廃用を起こして）自宅に戻ることは，ご本人にとっては身体的・精神的苦痛を伴う可能性もあり，また周囲の介護力も必要となってくる．機能・能力の低下を予防するためには，入院・入所先のスタッフとの連携が大切であり，入院・入所中にリハビリ介入がない場合には特に必要だが，リハビリ専門職以外の方に動作方法を指導することは，訪問リハビリスタッフが思っているようには伝わらない．実際に動作を見てもらったり図や写真に示すなど，相手がわかりやすい方法・ツールを用いて工夫する必要がある．また，利用者が機能・能力の低下を起こすことで生じる在宅生活の問題点も伝えることで，入院・入所先のスタッフも目的を持って取り組むことができる．

スタッフ編

30 あなたがいてくれたから歩けるようになったのよ

●● きっかけとなった場面（症例）

　70歳代，女性，慢性関節リウマチ．介護保険を利用して週2回の訪問リハビリが入っている．基本動作は自立，ADLは一部介助レベル，移動は歩行器を利用し屋内自立．歩行能力の維持，ADL・家事動作の練習や環境調整を目的に介入．軽度の認知症とうつ症状あり．介入当初より自宅での転倒を繰り返していた．ある日，自宅で転倒し上腕骨骨折にて入院．訪問リハビリスタッフは入院が決まった際，入院先の担当リハビリスタッフに情報提供を行い，同時にお見舞いにも伺った．ご本人は入院生活に不安な様子で，訪問リハビリスタッフの顔をみると「来てくれたのね」と笑顔を浮かべ，傍にいた看護師に「家に帰ったら，この人たちが来てくれるので安心なの」と伝えた．その後，1カ月あまりの入院・リハビリを経て，自宅退院が間近に迫ってきた頃，サービス担当者会議を開くことになった．

●● 気づかされた言葉（場面）

（サービス担当者会議でのこと）

入院先リハビリスタッフ：「歩行器で上手に歩かれています．独歩でも短い距離が歩けるようになっています」

訪問リハビリスタッフ：「病院でリハビリを頑張って，前よりも歩けるようになったみたいですね．よかったですね」

ご本人より：「（訪問リハビリスタッフに対し）あなたがいてくれたから歩けるようになったのよ．あなたのおかげよ」

ご家族：「家に帰ってからも，またよろしくお願いしますね」

●● そのときのスタッフの心の中

「病院で毎日リハビリしたからよくなったのに，ご本人は何か勘違いしてないかな…．毎週，私が訪問リハビリでお伺いしていたのにもかかわらず，転倒を繰り返して，今回は骨折にまで至ってしまったのに…．私は何もお役に立てていないですよ．それでも，訪問リハビリスタッフの私たちに信頼と安心感を抱いてくださっているのですね」

●● 気づかされた内容

　訪問リハビリスタッフは，入院前の訪問リハビリ時において転倒予防のための身体機能面の評価やプログラム設定，環境調整が十分でなかったのではないかと感じていた．しかし，ご本人にとっては，運動プログラムや動作練習よりも重要な何かが訪問リハビリにあったのではないか．当たり前のようにお伺いしたお見舞いや情報提供，普段の会話やご本人への気遣いなどの精神的なかかわりが，ご本人にとっては安心できるものになっていたのかもしれない．また，ご家族にも同様に，自宅に戻っても訪問リハビリがあるから安心だと感じていただけていたのではないか．訪問リハビリスタッフは身体機能面の変化を重要視しがちだったが，「訪問リハビリがあるから大丈夫」と思っていただけるようなかかわり・信頼関係を築く努力をすることも，安心で安全な在宅生活を送るうえで，重要視するべきことだと気づかされた．

●● 気づいてからの対応

　今までも身体機能面や動作面のみの介入に視点が偏らぬよう心がけていたが，今までよりも，さらにご本人やご家族の気持ちや置かれている状況に合わせ，訪問リハビリの介入が精神的にどのような影響があるかを考えるようになった．また，利用者が入院した際だけでなく，利用者が初めて他職種や他医療施設・事業所を利用したりかかわりを持たれる際，訪問リハビリスタッフからの情報提供が必要な場合は，ケアマネジャーと調整し，訪問リハビリスタッフから直接，他職種や他医療施設・事業所との情報交換や連携を図る努力を心がけている．ご本人も，自分の状況（身体面だけでなく，家の状況など環境面も含めて）をよく知っている訪問リハビリスタッフからの情報提供があると知ると，安心される様子である．

解説　在宅サービスに限らず，私たちの仕事の基本は「利用者に不安を抱かせない」ことであるのは当然のことである．よって，利用者から「（担当の）○○さんがいてくれるから安心」とおっしゃっていただけることはありがたいことである．言い換えれば，在宅生活を続ける中で，安心感を与えているスタッフが提供しているサービス（ここでは訪問リハビリ）から，一時的にまたは継続的に他のサービスに引き継がなければならないとき，利用者にとっては非常に不安な瞬間を経験することになる．その不安を軽減することは訪問リハビリスタッフの大切な仕事であり，それに応えるためには日々の訪問業務において，訪問リハビリスタッフ自身が単に不安を与えないという存在以上の信頼関係を築いている必要がある．

スタッフ編

31 「私，不安で…ちょっと家まで来てくれませんか？」

●●きっかけとなった場面（症例）

　70歳代，女性．要支援2．統合失調感情障害，パーキンソン症候群．介護保険での訪問リハビリを利用．娘家族と同居であるが日中は独居である．移動は独歩にてADL自立レベル．訪問リハビリでは「外出支援」「転倒予防」で介入している．

　訪問リハビリを週3回利用，全身体操，筋力強化訓練，歩行訓練を中心に実施．対人恐怖症による閉じ込もりから活動量の低下をきたしていた経過もあり，調子のよい日には近所への散歩も促していた．リハビリに対しては協力的であった．

　ご家族がいる時間帯は，精神・心理面は落ち着いてはいるが，日中独居ということもあり，一人になると言いようのない不安感に襲われ呼吸苦も生じるため，どうしたらよいかと相談を受ける．身近な誰かとお話をするだけでも落ち着くという話もあり，落ち着かないときは電話してくださいと伝え，電話対応を行っていた．徐々に電話対応だけでは落ち着かなくなり，家まで来てほしいとの訴えに変わり，訪問の合間をぬって対応していた．担当ケアマネジャーに対しても電話をかけることがあるため，双方で協力して訪問対応をしていたが，月に1，2回の時間外訪問が週に1，2回に増えてきたため対応が難しくなってきていた．

●●気づかされた言葉（場面）

　電話対応・訪問対応していく中で，不安感・呼吸苦が強くなる時間帯があることに気づいた．

●●そのときのスタッフの心の中

　「症状が現れやすい時間帯に訪問時間を調整することで，もう少し症状を落ち着かせることができるのではないか」

●●気づかされた内容

　症状が落ち着く時間を毎回確認し，実際に症状が現れる時間，電話がかかってくる時間を振り返ってみると，昼食後13時頃より落ち着かなくなり，温かい飲み物を飲んだり廊下を歩いたりして気を紛らわし，15〜16時頃に落ち着いてくるという傾向がつ

かめてきた．かかってくる電話に，単に対応を続けるだけでは，訪問リハビリスタッフも対応を続けることに限界を迎えていたかもしれない．その人の行動・精神面の変化には何か意味があるという視点を見逃すところであった．

●● 気づいてからの対応

これまでは，午前中のほうが身体の動きがよいとのことで，午前中に訪問リハビリを予定していたが，症状が現れやすい時間帯を説明し，訪問時間を午後へ変更してみてはどうか提案した．週3回の訪問リハビリを一度にすべて午後に変更するのは不安と話されたため，まずは週1回のみ午後の訪問へ変更した．慣れてきた頃に再度提案し，週2回を午後の訪問に変更すると，徐々に自身でもコントロールできるようになり，電話対応のみで落ち着きを取り戻せるようになった．

週3回とも午後の訪問に変更してからは，電話もほとんどかかってくることなく経過している．不安感や呼吸苦といった症状は依然としてみられるが，程度が軽く持続時間が短くなってきたことで，自分自身でなんとか対応できるようになり感謝してますとの言葉もいただけるようになった．別の視点から利用者を見つめ直すことの大切さを改めて考えさせられたケースであった．

問題となる症状のみにとらわれて対応するだけでなく，なぜそのような言動をとれるのか？ 何か解決に導く方法があるのではないかなど，さまざまな視点から症状をみつめるよう広い視野を持って，利用者に関わるよう気をつけている．

解説

担当ケースごとに，それぞれさまざまな問題を抱えておられ，それらに対してわれわれは，解決策を見出す作業を日々行っている．その問題は身体的・精神的・環境的などさまざまであるが，どうしても「一体，何が原因でこのような状況になっているのか」が理解できず，生じている問題にその都度，対応するだけで根本的な解決策が見出せないときもある．それが継続的に可能な対応であれば問題ないが，継続的に難しいまたは自分以外のスタッフでは難しい対応であれば，最終的に利用者に負担が生じることになる．

どうしても問題解決に行き詰ったとき，意識して少し視点を変えることや他のスタッフ（必要に応じて他サービススタッフ）に相談することで，問題解決の糸口をつかめることがある．症状に対するアプローチも大切ではあるが，その症状がどこからきているのか，どのようなときに現れやすいか，原因や傾向を探ることは大事な作業であり，利用者の生活を左右するその作業に真摯に取り組む気持ちを忘れずにいるサービス提供者でありたい．

スタッフ編

32 引き継ぎの大切さ
～入院時担当リハビリスタッフからの細やかな情報提供

●● きっかけとなった場面（症例）

　40代，女性．要支援1，左被殻出血，右片麻痺（Brs：Ⅲ-Ⅱ-Ⅲ）．高次脳機能障害なし．回復期病棟退院後，翌日より訪問リハビリの利用を開始．

　退院時の状況：日中独居で，セルフケアは環境調整にてほぼ自立．下肢装具装着にて杖・伝い歩きは時々ふらつきがあるが自立．しかし，装具の外見に抵抗感があり装着せずに転倒してしまうこともあった．家事はご本人の姉妹が全面的に行っている．

　病前生活：長年，飲食店の仕事をしていたため夜型の生活で，昼に起床して学校帰りに遊びにくる姪や甥の世話をし，同居している姉妹と家事を分担して暮らしていた．お酒が好きで偏食傾向．ご家族の言うことはあまり聞き入れない．

　このケースの訪問リハビリ開始前に入院時のリハビリスタッフより，紙面に加えて直接口頭でも申し送りを受けた．内容は以下の通りである．

　「人と接することが好きで他患者さんとも仲が良く，病棟・リハビリスタッフとの関係性も良好であった．しかし一方では，周りからアドバイスや指導を受けることや入院前の生活状況など細かく聞かれることは好まなかった．また，もともとの生活スタイルと病棟生活のリズムが合わず，食事やタイムスケジュールなど管理された状態にストレスを感じ，食欲不振や嘔吐が続き，入院中に20kg以上痩せている．在宅生活に向けて希望を尋ねても『退院までに治して．遠出して遊びたい．家のことは後で考えるよ』など現状と向き合うことが難しかった．自主トレーニングも継続せず，家事動作への取り組みも拒否的であった．そのため，セルフケアと身体機能面を中心に介入していた．訪問リハビリにて退院後の在宅生活を全般的にサポートしていただきたい」

　さらに，入院中知り得た詳細な生活歴は資料にて準備されており，訪問リハビリ介入時に，ご本人の精神的な負担を軽減できるよう配慮していただきたいと申し送りがあった．

●● 気づかされた言葉（場面）

　ご本人は実際に会ってみると一見フレンドリーで，こちらからの提案や情報の聴取を受け入れそうな印象であった．しかし，事前に情報提供されていたので，ご本人が

不快にならないよう介入当初は，特に一定の距離を保ちながら関わるよう配慮することができた．すると徐々に，ご本人自身で在宅生活に向き合うようになり，セルフケアや家事などに取り組む姿がみられ始めた．

●● そのときのスタッフの心の中

「あ！ これ申し送りにあった〜！ 先に知っていてよかった〜」

●● 気づかされた内容

今回，利用者の介入方針の道標となったのは，入院時のリハビリスタッフからの情報提供であった．訪問リハビリは週に数回の介入であるため，毎日関わっていた身近な病棟リハビリスタッフからの細やかな情報提供は，スムーズに介入を進めるための大きな鍵になると考える．日常ではついつい，訪問リハビリが率先してさまざまな提案をしがちであるが，他者からアドバイスを受けるよりも，ご自分のペースで計画することを好む本ケースにおいては，今回の引き継ぎ内容と情報を丁寧に伝えようとした病棟リハビリスタッフの姿勢は，訪問リハビリスタッフとって非常に重要であった．

●● 気づいてからの対応

病棟リハビリスタッフに向けての経過報告会にて，今回の情報提供のおかげで利用者と良好な関係を築くことができ，自主トレーニングの習慣化，役割の再獲得まで展開できたことを伝えた．病棟リハビリスタッフからの反応として，退院後の引継ぎを今後も充実させていきたいとの感想が聞かれた．

解説

入院時のリハビリスタッフからの必要な情報は，身体機能面やADLのみではなく，在宅生活に向けてどこまでできているのか，何が課題として残っているのかも重要である．加えて，性格や情緒面なども信頼関係作りにおいてなくてはならない情報である．

今回，病棟リハビリスタッフから申し送られた内容からもわかるように，身体機能面やADLの情報は既存の書式には含まれていることが多い項目であり，すべてのケースにおいて共通していただける情報となっている．しかし，その他の「在宅生活に向けてどこまでできているのか，何が課題として残っているのか」「性格」「情緒面」などは書式の項目に含まれることは少ない．仮に備考欄に書き加えていただけたとしても，特に性格や情緒面は相手に伝わるような表現での記入は難しく，今回のように自由記載の申し送りや口頭での報告が大事ということがわかる．そして，このような情報こそが，在宅での生活の展開に必要な情報であり，もし，これらの情報が不足していると感じるなら，訪問リハビリスタッフ側から情報をもらいにいく姿勢を持つことも必要である．

スタッフ編

33 今，大変な状況をどうにかしなければ！
～理学療法士も作ります

●● きっかけとなった場面（症例）

　90歳代，男性，要介護3，変形性膝関節症．体格はよく体重も重い．同居の娘が主な介護者である．3年前より訪問リハビリの利用開始．利用当初は，四点歩行器にて歩行可能であったが，訪問リハビリ利用1年半後より歩行困難となり，その後移動は車いすとなる．日によっては下肢の支持性が極端に低く，車いすとベッド間の移乗動作で最大介助を要する場面も増えてきている．訪問リハビリの目的は，高齢ということもあり現在の能力の維持と小柄な娘の介護負担の軽減である．

　半年前より，下肢の支持性低下が強くなり，一部介助～中等度介助で行えていた車いすとベッド間の移乗動作が最大介助～全介助状態となりつつあった．娘からは「まったく持ち上げられないときもあって，時には車いすとベッドの間に着座してしまい危ない場面もあったり，持ち上げられないと引きずってしまうから，車いすの金属支柱が本人の太ももの裏に当たってすごく痛がります．それに，私自身の腰も悪くなって，毎週マッサージに通っていますよ」といった内容のコメントが時折聞かれていた．

　ご本人の下肢筋力強化や，立ち上がり練習は継続的に続けており，移乗動作の介助方法なども娘へ指導するなどしていたが，それ以上の介入は特に行ってはいなかった．ある時のサービス担当者会議にて娘より「本当にもっと介護負担の軽減ができないか…，体がとてもきつくて限界です」と強い訴えがあった．その際に今後，移乗動作時に持ち上げるよりも，引きずるような方法を取ることが増えるのではと考え，移乗シートと訪問リハビリスタッフ手製の移乗ボードを娘へ提案した．弾力のあるプラスチックのボードと移乗シートをご本人の大腿部の下に入れ，ご本人が自身で殿部を持ち上げられなかった際でも，介助者がスムーズに引きずれるような工夫を行った．導入後は，娘から「まったく負担がなくなったわけではないけれども，かなり楽になりました」と喜びのコメントをいただけた．ご本人からも「金属支柱が太ももの裏に当たって痛かったけれど，今は全然痛くなくなったよ．ありがとう」という言葉をいただけた．

●● 気づかされた言葉（場面）

　上記内容を訪問リハビリスタッフ間で話し合っている際に，管理者（上司）より「理学療法士なのにいろいろな道具をよく作っているね」とコメントがあった．管理者と

しては，「移乗動作」は基本的動作として理学療法士が率先してアプローチするのは自然だが，道具を利用したり，ましてセラピスト自身が作製することはあまり目にしたことはなく，訪問リハビリスタッフが移乗用のボードの改良を考えている姿が新鮮にみえたということであった．

●● そのときのスタッフの心の中

「ん？ 介助がきつくて大変なんだし，今困っているんだから少しでも楽にしてあげたいと思うのは普通じゃないのかな？…そっか‼ 理学療法士の場合，普通ご本人の下肢の支持性や筋力を改善しようとするけれど，それじゃ，何週間，何カ月も時間がかかってしまうし，その間に娘さんが介護ができない状況になることのほうが大変だ．このケースが生活するうえで，今一番大切なのはご家族の支援だと無意識に理解しているから，ご家族のサポートを優先にしたんだな～．これって上司には新鮮に映ったんだ．しかも，追効果で太ももの裏の痛みも取れて一石二鳥だ！ やったー！」

●● 気づかされた内容

病棟勤務であっても，自宅生活へ戻った際のことを予想してアプローチするが，やはり，道具の利用よりも機能面の向上をメインに行いがちなのは否めない．改めて病棟に勤務していた頃には，その点が不十分であったことを気づかされた．しかし一方，在宅で生活するうえで，「今」困っていることを解決しなければ，その方の生活やご家族による介助が難しくなり，在宅生活が継続できなくなるということを認識し，それを防ぐために無意識に対応していたことが，わずかながらにも自分自身に訪問リハビリの視点が身についてきたのではとうれしく思えた．

●● 気づいてからの対応

病棟に勤務していたときの視点だけでは不十分なことがあるため，よりさまざまな視点から物事を感じ取り，考えられるように意識するようになった．また，他の利用者に対しても生活するうえで「今」対策をしなければならないことはないか，改めて考えるようになった．

解説 　入院中のリハビリは「退院に向けて機能改善を図る」「今（入院中）は介助を必要としても，最終的に自立に至ればよい」という意識でアプローチするが，在宅では「今，改善しなければ在宅生活が継続できなくなる」という視点が重要である．その改善が身体機能的な部分に今すぐ期待できないのであれば，福祉用具を導入するのも有効であり，そういう視点を，どの職種に関わらず持っておかなければ，最終的には利用者の生活の継続を中断させるという結果に至ることを忘れてはならない．

スタッフ編

34 緊急事態の対応方法

~救急搬送でつらい思いをされて

●● きっかけとなった場面（症例）

　80代後半，男性．パーキンソン病，要介護3．妻と二人暮らし．訪問リハビリを長期にわたり利用している．バイタルは正常値内にて大きな変動はなく経過していた．コミュニケーションは呂律難があり，ご本人の発話に聞き慣れた人でないとまったく聞き取れない．食事は水分でのむせが時々あり，柔らか煮，とろみ食．箸の使用は不可．移動は伝い歩きだが度々転倒あり．裂傷や打撲が多々ある．入浴はヘルパー介助にて自宅で実施．ヘルパー・訪問リハビリ以外のサービスの利用はなし．かかりつけ医への受診は息子のタクシーにて通院されている．

●● 気づかされた言葉（場面）

　バイタル面，身体機能面，ADL面にはほぼ大きな変動なく経過していた．定期的に心機能検査やその他の内臓検査も実施し，大きな機能的変化もなく安定していた．
　ある日のリハビリ訪問時，日中過ごしているソファにて座位姿勢で呼吸数30回（毎分）前後と多く，心拍数も130～160回（毎分）を変動し，呼吸苦を訴えていた．訪問リハビリスタッフより管理者へ連絡を入れ，管理者の判断で救急車の要請を促した．しかし，ご本人は近所迷惑だからと断固拒否．キーパーソンの奥様も本人が嫌がっているからと要請を拒否された．
　訪問リハビリスタッフが困り，管理者に再度連絡．管理者もご本人宅へ訪問し，ご本人および奥様の説得を試みるも承諾されず．奥様より息子の連絡先を聞き，息子へ状況を連絡し，救急車要請の許可を得る．酸素マスクにて近隣救急病院へ搬送となり入院となる．通院・入院歴のある当院へ搬送可能か調整したが，救急受け入れストップの状況であったため，入院先はご本人が通院歴のない病院であった（搬送後，当院の地域連携室と調整したが，当院転院前に，奥様判断にて搬送先から自宅へ戻られる）
　入院直後，ご本人の様子を伺うため奥様へ連絡すると，救急車を要請したことにご本人・奥様も激怒しておられた．理由を問うと，入院先でご本人の構音障害により訴えが理解されず，暴れていると勘違いされ抑制された．そのため，つらい思いや怖い思いをしたとのこと．「二度と救急車は呼ばないで」と訴えられた．

●● そのときのスタッフの心の中

「あの状況では救急車を要請するしかなかった．入院先での出来事まで予測はできない．どうすればよかったのだろう…」

●● 気づかされた内容

パーキンソン病で構音障害があれば，救急室でも丁寧に聞き取りすると思い込んでいた．本来はそうあってほしいが，救急車要請，救急隊員への申し送り時に，病院搬送後の利用者のこともイメージしながら情報提供しなければならないのかもしれない．

●● 気づいてからの対応

抑制帯については，ご家族が付き添って対応可能なら抑制しないこともあるので，その場で確認をとったほうがよい旨を説明した．

退院後，救急車の要請は必要な状況であったこと，今後も，医療者判断で救急対応が必要と判断した場合はそのようにすることへのご理解が得られないと，訪問リハビリの継続は困難であることをご本人・奥様・息子へ説明した．ケアマネジャーにも経緯を説明し，サービス担当者会議の必要性を提示した．また，今後は可能な限り，当院へ搬送できるよう調整する旨を説明した．

解説　生活期という一見，安定して生活しているようなイメージを抱いてしまう訪問リハビリサービスであるが，お伺いするケースによっては重篤な合併症を抱えていたり，普段，体調が安定しているケースにおいても突然，救急受診が必要となる場合がある．しかし，本ケースのようにバイタルは急を要する状態であるが，ご本人には体調不良の自覚がない場合は，救急搬送することにご本人・ご家族がすぐに了解されないこともある．私たちがわかりやすく，状況を詳細に伝える知識を備える必要がある．また，契約書にて救急時の対応について説明しているが，救急車の要請については具体的な対応方法の記載がない．緊急時は，ご本人やご家族が拒否をされても，医療者側の判断にて，救急車要請できるよう記載することも必要かもしれない．

また，今回のケースのように訴えが相手に伝わりにくいケースの場合（失語，構音障害，難聴，認知症など），ご家族に搬送先でも可能な限り，ご家族が付き添い病院スタッフとのやりとりをされるようアドバイスを差し上げたり，私たちから救急スタッフに，ご本人のコミュニケーション能力やどのような方法がコミュニケーションをとりやすくするかなどを申し送る必要がある．ご本人の訴えが救急スタッフに伝わらず，ご本人にとって不本意な対応を受けることがないよう，これらの情報を提供するのも私たちの役割と考える．

スタッフ編

35 片手でも自分でおしゃれを楽しみたい
～利用者の諦めに気づけなかった

●● きっかけとなった場面（症例）

　50歳代，女性．要支援2．脳梗塞による右片麻痺あり．4人家族で発症前は専業主婦．日常生活や家事動作への麻痺側上肢使用は困難．移動は短下肢装具と四点杖にて室内は自立．「右手が使えなくても家族のために家事を行っていきたい」との希望から訪問リハビリを開始する．訪問リハビリにて，安全な動作方法や片手でできる代替手段の提案・練習を行い，日々主婦としての役割を担っている．

　いつものように訪問すると，いつもはつけていないピアスをつけておられた．娘からの誕生日プレゼントで「前（発症前）はよくピアスをつけたりしておしゃれしてたよね．これからもおしゃれを楽しんでほしい」と娘につけてもらったとのこと．娘からの言葉や久々におしゃれを楽しんだことへのうれしさが表情にあらわれて，いつも以上に生き生きされていた．一方で「ピアスを自分でつけるのは難しく誰かに頼まないといけない．好きなときにつけることができない」とご本人は残念そうに話された．

●● 気づかされた言葉（場面）

「難しいとは思うけど，前みたいに自分でどうにかつけられないのかな…」

●● そのときのスタッフの心の中

「自由におしゃれをしたいって思うのは当たり前だよね．でも，無理と思って諦めていたんだろうな…」

●● 気づかされた内容

　片麻痺になってもおしゃれを楽しみたいという気持ちは変わらない．他の人の手助けがあればおしゃれをすることができるかもしれないが，好きなときに自分自身でおしゃれを楽しみたいという気持ちを見過ごしてしまっていたと感じた．

●● 気づいてからの対応

　ご本人が娘からもらったピアスはスタッドピアスタイプ（ピアスポストがまっすぐでキャッチ（留め具）で固定するタイプ）で，ポスト部分は鏡を見ながらピアスホー

ルに通すことができた．キャッチは，つける際にポストをピアスホールから抜けないようにピアスヘッドを押さえる必要があった．キャッチは金属製，形状が環状で中心部が少し盛り上がった構造をしていたため，片手でできる方法として，示指と中指で中心部を挟むように持ち，母指でピアスヘッドを押さえながらつけることを提案した．しかし，中心部を挟んで持ってもつける際に落としてしまったり，ポストが動いてうまく通せないという問題があり，またピアスを外す際には，キャッチが外れにくく5分以上時間がかかってしまっていた．

簡単に気軽に装着できる方法はないかと模索していたとき，素材が樹脂，形状は環状であるが中心部は長く突起しているキャッチを見つけた．中心部の突起が長いため，指で挟んでも落としにくく，外す際にも金属製と比べ滑りがよく外しやすいため，樹脂タイプのキャッチを使用して練習を一緒に行った．練習の中で初めて両耳とも一人で装着できたときには，ご本人から「〇〇さん（訪問リハビリスタッフの名前），できたよー‼」と満面の笑顔で，うれしさのあまりに一緒に泣いて喜んだ．初めてできた日から動作に慣れるまでに2週間程度かかったが，最終的には両耳とも1，2分程度で装着でき，外す動作も時間がかからず楽にできるようになった．

ピアスを一人で装着できるようになってからは時々，訪問日にピアスをつけお化粧もして出迎えてくれることがあり，以前のようにおしゃれを楽しまれている．

解説 私たちが関わる利用者の方々は，日常生活でできなくなってしまったことに対して「もうできない，無理だ」と諦めていることも多く，できないことが当たり前になっていて「やってみたい」「できなくなってしまって寂しい」とさえ気づいていない場合もある．どちらの場合も利用者の言葉には出さない想いを引き出せるよう，セラピストが「できること」を伝えていくようなかかわりを心がけたい．

また，今回はピアスが好きなセラピストが担当であったが，ピアスに興味のない者が担当であったなら，このようなかかわりを行えたかどうかわからない．利用者もセラピストもおのおの興味が異なるのは当然であるが，その人の興味を見落とさず関わるためには，私たちは日々興味を幅広く持たなければならないということも教えてくれたケースである．

管理者編

管理者編

36 無謀なスタッフたち

～でも，そのむちゃが好き

●● きっかけとなった場面

　訪問リハビリを開始して，まだ間もない40歳代の男性利用者がいた．脳梗塞を発症するまではスポーツ指導員をされており，いろいろ業績もあげられていたとのこと．軽い運動麻痺があり，スポーツ指導員としては復帰できず，いつのまにか閉じ込もりの生活となり，かなりの肥満体型でもあった．ご本人は「めまいがして，一人では危なくて動けない」と訴えられるが，自宅内の様子からトイレまで移動ができており，ごみ出しもされているようであった．「本当は動けているのでは？」とスタッフがほのめかすような言動をとると，さらにめまいの訴えが強くなるため慎重に介入していたケースであった．ご本人は，本当は利便性のよいところに住んでいるので外出をしたいという希望は持っておられたため，訪問リハビリスタッフたちは気長に，その時期を迎えられるように筋力訓練や起居動作訓練を行いながら介入していた．

　そのようなとき，入院される利用者が相次ぎノルマ件数の達成が厳しいと予測される時期があった．どう努力しても訪問件数は伸ばせないので，こんなときこそ，日頃，できない取り組みをしようと同行訪問など積極的に行うようにスタッフに指示をした．本ケースにおいても，日頃2名のスタッフが交代で訪問していたが，スケジュールの調整ができたため，ある日，2名体制で同行訪問することになった．

●● 気づかされた言葉（場面）

　そして，同行訪問しているスタッフから管理者に電話が入った．「科長，○○さんの訪問が終わったんですが，○○さんが『今日はスタッフの人数が多いのでカラオケに行ってみたい』と言われるんです」．そして，少しの沈黙の後，「もう，車に乗っちゃいました．カラオケに連れていってあげていいですか？ 一曲歌ったら帰ってきます！」．

●● そのときの管理者の心の中

　「『いいですか？』って，もう車に乗っているんでしょ．一曲で済むわけないし…ほんとに…『ダメ』と言わないと予測していたでしょ．何かあったら責任を取るけど，何も起こさないように二人で細心の注意を払ってくれていることもわかっています

よ．気をつけていってらっしゃい！」

●● 気づかされた内容

　サービス提供終了時といえども，利用者を車に乗せてカラオケに行くことはあってはならないことかもしれない．しかし，数年，閉じ込もっていた利用者が初めて自ら出かけると希望されたこの瞬間を，スタッフは逃したくなかったのだと思う．管理者自身が訪問していたら，きっと同じ行動をとっていたかもしれない（ということもスタッフは予測していただろう）．管理者は自身で責任を持って行動すればよいが，スタッフたちの行動には，管理者が責任をとらなければならない．しかし，スタッフたちも「科長が責任を必ずとってくれる」と考えており，それは責任転嫁ではなく信頼関係があっての行動だと，即，判断できた．

　それは，日頃からのスタッフと管理者とのやりとりの中で，サービス提供に対して共有できる考え方が存在するからである．それが，このような行動で表現されるのは，少し大胆ではあるが，管理者としてはありがたいことであった．

●● 気づいてからの対応

　その後，本ケースは，近所を散歩されるようになった．しかし，そのわずか数週間後，突然死を遂げられることになる．本ケースが散歩できるようになったのは，筋力訓練や起居動作訓練ではなくカラオケがきっかけであった．訪問リハビリは訓練的なかかわりでなく，「きっかけ」を提供しただけである．しかし，ご本人が自ら希望したことを，タイミングを逃さず経験・達成するという大切さが，その後の生活の展開に大きな意味を持たせるということを教わった．

　他のケースにおいても頻繁にこのようなかかわりはできないが，多少無理な介入であっても，そのタイミングでの経験が，その後の利用者の生活に意味があるのであれば，細心の注意を払いながら介入することを認めるようにしている．

解説　訪問リハビリに従事していると，制度に基づいたサービス内容，制度で定められたサービス提供時間内だけでは，どうにもならないことがあることを経験する．制度に基づくことは基本でありそこから逸脱することは認められない．しかし，「人の生活」に関わる中で，決まりごとだけでは解決しないことが発生するのは自然なことでもある．その後の利用者の生活，訪問リハビリの展開に必要なことであれば，リスク管理，管理者との報告・相談・連絡，責任所在の確認などを十分に行い，サービス外でのかかわりとして介入することも必要かもしれない．そのためにも，管理者とスタッフ間での日頃からのコミュニケーションは十分に図ることが重要である．

管理者編

37 利用者さんって怒らないんだ
～遊び心いっぱいの訪問

●● きっかけとなった場面

　当然のことであるが利用者の性格は，まじめな方，いつも冗談を言っておられる方，派手なことは好まれない方などさまざまである．また，訪問リハビリスタッフよりも人生の先輩である方が大半であり，失礼のない対応を心がけて日々訪問している．その一方で，訪問リハビリスタッフたちは，イベントを開催し利用者が今まで経験したことのないような演出をして楽しんでいる．初めは「利用者さん，怒らないかな？」と心配していた管理者であるが，最近は「次は何をするんだろう？」と興味を持つようになっている．

●● 気づかされた言葉（場面）

　利用者の誕生日にプレゼントする誕生日カードは，市販のカードを差し上げることもあれば，利用者と一緒に撮った写真を利用して誕生日カードを作ったりすることもある．そのカードに写っている利用者であるが，普通に写っているのではなく王冠のようなものを被り，100均でみつけてきたのかゴールドの文字で「Happy Birthday」と書いてあるものを手に持ってもらって写っていたりする．また，節分には鬼の面を被ってもらい，クリスマスにはサンタクロースの帽子を被ってもらったりと，きっと利用者にとっては，初めて被り物を被って記念撮影されるのではないかという場面ばかりである．しかし，どの写真も利用者はもちろん，一緒に写っているご家族もすてきな笑顔で写っている．

●● そのときの管理者の心の中

　「この方（利用者）はこのような遊び心にも怒ることもなく，一緒に楽しんでくださるんだ．そして，こんな楽しそうな表情もされるんだ」

●● 気づかされた内容

　私たちは，日々，その人の在宅生活がより安全・安定したものになるようにとの思いで訪問リハビリサービスを提供しているが，それは「ご本人の希望が達成できるように」「障害により不自由になったことが少しでもできるように」「ご家族の介助方法

が楽になるように」などを目標にしている．しかし「在宅生活」に携わっているため，生活の中でいろいろなイベントがあるのは自然であるのに，それを意識した訪問リハビリがどのくらいできているだろうか？　誕生日がくれば楽しく祝い，節分やクリスマスの行事がくれば一瞬でもイベントを楽しむ時間の提供をしてみてもよいと気づいたし，誰かがそのような企画をしない限り，季節ごとの行事を楽しまない一年が過ぎてしまうのかもしれない．ひょっとしたら，利用者によっては，訪問リハビリの介入によって初めてこのような行事の楽しみ方を経験される方もいらっしゃるかもしれない．

●● 気づいてからの対応

　何人ものすてきな笑顔の写真を拝見しているうちに，「次はどんな企画を考えているんだろ〜」と興味を持つようになったと同時に，訪問リハビリスタッフの判断を信じ，その利用者が喜んでくださるイベントの楽しみ方をこちらも楽しませてもらっている．

解説

　誕生日のお祝いを，あえて訪問リハビリが行わなくてもよいと言われればそうかもしれない．しかし，身近な人の記念日を「祝う気持ち」を持ったり感じたりすることは，人が生活する中では自然なことである．しかし，その自然な気持ちを持つ余裕がなくなっている生活を送っている利用者も少なくない．そういう，本来，生活の中に存在する時間がなくなっている環境で，「上手に歩けるようになった」「ご家族の介助が上手になった」としても，それだけでは「生活に携わっている」とは言いにくいのではなかろうか？

　他のケースでは，外出支援が達成でき訪問リハビリの卒業の日，その外出先の一つが三線（さんしん：沖縄の三味線）教室ということで，記念にご本人が三線を弾き，それに合わせて琉装（沖縄の着物を着た）した訪問リハビリスタッフが踊るという演出をした報告があった．腰痛がひどく，ベッドで横になる生活だった方が，再度，大好きな三線教室に通えるようになったという，ご本人にとっても非常に喜ばしい結果をすてきなシチュエーションで締めくくることで，よりご本人の達成感を提供できたのではないかを感じる．

　「楽しむ時間」「祝ってもらう時間」「記念を作る時間」などは本当はごく普通のこと，自分たちの生活には普通に存在していることである．日々の訪問業務の少しの時間を，それらを経験する時間に当てても何かが犠牲になるわけでもない．

　そこからまた，新しい生活が生まれるかもしれないし，新たな生活の拡大を図るきっかけになるのかもしれない．

管理者編

38 そんな朝早くから訪問するの？

●● きっかけとなった場面

　15年目の作業療法士で，訪問リハビリに従事して数年のスタッフより，担当ケースの訪問時間について相談があった．

　いつも訪問が午後のAさんを朝のうちに訪問したいとのこと．詳細を尋ねるとパーキンソン病のAさんが，歩行器をレンタルではなく購入したいと希望されている．Aさんは過去にカタログなどをみては「これはよい！」と思ったものは，訪問リハビリスタッフに相談されずにすぐに購入されることが度々あった．今回は，選定を間違うと転倒につながる可能性もある，レンタルも可能な用具であるが，レンタルを好まれないAさんであるため慎重に選定したいと訪問リハビリスタッフは考えていた．そして，Aさんは起床時が一番，動きが悪いため，午後の訪問時間帯での評価だけでは非常に不安があり，Aさんの起床時に合わせて歩行器の使用状況を確認したいということであった．もし，起床時にうまく使用できそうなことが確認できれば，その後，デモ期間を設けて購入という段階を踏んでいきたいとのことであった．

●● 気づかされた言葉（場面）

（管理者から訪問リハビリスタッフに具体的な訪問時間を問うたところ）
「7時30分に訪問したいのですが，よいでしょうか？」

●● そのときの管理者の心の中

「え〜そんな早く‼ そんな時間の訪問は経験ないよ…」
「でも，少しでも適切に選定してあげたいというその気持ち，えらい‼！
行っておいで‼」

●● 気づかされた内容

　利用者によっては，「朝が動きにくい」「夜中にトイレに行くのは足が動きにくくて怖い」という訴えを聞くことは度々あるが「動きにくくなりますね」などの声かけで済ましているのが現状である．「その人の生活を考えて…」とスタッフに意識を持たせているが，また当然のことであるが，生活とは訪問リハビリサービスを提供する8時

30分~17時30分までではない．よってその人が困っている時間があるなら，その時間に起きていることを評価しなければならないのである．それを実行に移せていなかったことに，反省させられた場面であった．

●● 気づいてからの対応

　訪問リハビリスタッフは無事に7時30分の訪問（歩行器利用状況の確認のための訪問であり，従来の報酬が発生する業務ではない）を終え，購入予定の歩行器の操作（ブレーキ操作，スロープの通過など）は上手に行えていたということである．よって，予定どおり，デモ期間を経て購入されることになった．Aさん自身も訪問リハビリスタッフと相談・確認して購入するほうが，適切な用具を選定できると実感していただけたようであった．

解説　今回，訪問リハビリスタッフは，Aさんの判断で購入される福祉用具の選定がいつも適切ではない場合があることを経験しているので，歩行器に関しては慎重に選定していただきたいとの気持ちが強くなっていた．それは，その訪問リハビリスタッフが福祉用具の選定に一定の専門的な知識を備えているからであって，福祉用具に対する考え方や知識が十分でないスタッフであったら，ここまで慎重に考えることはできなかったと考える．

　福祉用具を導入する際，デモ期間中や導入して間もない頃は「うまく使えているかな？」と心配になることがある．訪問時にも使用状況を確認することはあるが，特に心配な場合は可能なかぎり，訪問の合間をぬって，訪問日以外でも利用者宅に立ち寄って確認するようにしている．しかし，それらは私たちの都合のよい時間帯でのことであって，利用者ご家族が一番動きにくかったり困っている時間帯とは限らない．

　今回のように，スタッフの時間が調整できるなら，一番必要な時間帯に少し立ち寄るような訪問も積極的に取り入れていくことも大切である．管理者によっては報酬の発生しない時間の訪問は認めないと判断することもあるかもしれないが，病棟に勤務していても訓練時間外に担当患者がうまくポータブルトイレを利用できているか？歩行器を利用できているか？など，確認することと同じと考えれば躊躇することは何もないと考える．

管理者編

39 気づこうとしていないわけではなく，気づかないだけ
〜気づくとすごい！

●● きっかけとなった場面

　当事業所のスタッフは全員セラピスト経験が5年前後で，訪問リハビリ経験もないスタッフばかりである．技術の差は多少あるが，セラピストとしては一定のサービスは提供できると考えている．

　日頃，あまり訪問リハビリスタッフと一緒にケースを担当することはないが，一人のスタッフと女性の進行性疾患のケースを一緒に担当することになった．更衣や調理，掃除などの家事動作にヘルパーや友人の支援を受けておられるが，独居でデスクワーク中心の自営業を営んでおられる．ある日，スタッフがそのケースの訪問を終えて帰ってきた際に「訪問したら，今日は手にうまく力が入らず，トイレに行った後にズボンが上げられず，そのままの状態で私が来るのを待たれていたんですよ」と報告があった．スタッフは「そういう日もあるんですね」と心配そうな表情をみせていたが，それ以上の報告や相談はなかった．管理者から「早い時期に，手に力が入りにくい日でもズボンが上げやすいようにループをつけるとか，ゴムの緩いズボンを準備するなど対策をとってほしい」「ズボンが自分で上げられないまま，誰かが来るのを待っていた時間の彼女の気持ち考えると，もう一度同じことは経験させてはいけないと思いますよ」とスタッフに伝えた．

●● 気づかされた言葉（場面）

　次回の訪問で，訪問時間を超えながらもそのスタッフはループ付きのズボンを完成させて帰ってきた．日頃はおしゃれなズボンをはいている利用者ではあるが，調子の悪い日はループ付きのルーズな生地のズボンがいつでもはけるようにと，取りやすい位置に常にハンガーにかけておくようにしたという．

　スタッフからは，「科長のアドバイスは『確かにそうだな』と思うのですが，言われてはじめて気づくんです．そういう視点が私にはないんです」との言葉があった．

●● そのときの管理者の心の中

　「いつも丁寧に，一生懸命利用者のことを考えて介入してくれているのに，本当に気づかないんだ．でも，気づいたら管理者（筆者）よりも速やかに，丁寧に，確実にサー

ビスを提供できているから，どんどん〈気づき〉が増えるといいなあ」

●● 気づかされた内容

　訪問リハビリスタッフたちは，いつも利用者のために真剣にサービスに取り組んでいるが，各スタッフの「気づき」はそれぞれで，Aスタッフが気づくことでもBスタッフは気づかないこともある．今回もたまたま気づいたのは管理者のほうであったが，反対の場合も現場では実際にある．訪問リハビリの経験だけでは説明できない「気づき力」の不思議を改めて感じた．気づいたならば私たちはアクションを起こすことは確かであり，私たちは「気づき力」を永遠に養わなければならないということである．
　そして今回，本書を書く決心をさせてもらえた貴重な場面であった．

●● 気づいてからの対応

　訪問リハビリスタッフがサービスの展開に悩んでいたり，アプローチすべき部分に不十分さを感じたとき，それは決して訪問リハビリスタッフが手を抜いているわけではない．何か気づかないといけない部分を見落としているのではないかという視点で話を聞くようにし，話す中で管理者が先に気づいても，訪問リハビリスタッフの口から先に「そうか！」という言葉が出るように心がけている．これは教育（教え導くこと）の基本であるが，改めて留意するようにしている．

解説

　訪問リハビリサービスに携わっているものであれば，ご本人・ご家族が困っていることや，不自由を感じていることに気づいたら知らぬ顔をするものはいないであろう．それが訪問リハビリでは解決できないことであっても，適切な部署やサービスに相談を求めるであろう．
　よって，気づけばなんらかのアクションを起こすわけであるが，誰も気づかなければその状況はそのままである．決して訪問リハビリに携わる私たちだけが気づかなければならない職種ではないが，困っていること・不自由を感じていることの原因が，疾病に関連することなのか，動作に関することなのか，制度のことなのか，環境（物理的・人的）のことなのか，ご本人自身（個人因子）のことなのか…と考えると，ICFの視点を携えている私たち訪問セラピストが最も気づきやすい職種でなければならないかもしれないし，気づいたときの解決方法（自分の領域で解決できるのか，他職種に支援を求めるべきかの判断を含む）を知っている職種であるかもしれない．

管理者編

40 その笑顔には勝てません

●● きっかけとなった場面

　当事業所では，新卒で訪問リハビリに従事しているスタッフが複数名いる．新卒なので，管理者とは親子に近い年齢差．実際，二人でタクシーに乗ったときに運転手さんから「親子ですか？」と声をかけられたこともある．
　その新卒スタッフが就職して1年も経たない頃に，妻が移乗に苦労している大柄な70歳代の男性を担当してもらうことになった．合併症や環境（物理的・人間関係的）も複雑で，新人には少し難しいケースであったが，そろそろ，難渋ケースにも対応できそうな力がついてきた時期でもあったので，担当してもらうことにした．サービス介入前に管理者が伺い，情報収集やアセスメントを行った．妻は夫の下肢の支持性の弱さによる移乗動作の介助負担を深刻に悩まれているのに対し，ご本人は訪問リハビリに対して，どれほど必要性と意欲を持っておられるのかが十分に把握できない状況であった．

●● 気づかされた言葉（場面）

　そして，サービス開始日に，担当となる新卒スタッフと二人で伺い，新卒スタッフが挨拶すると，ご本人は事前に伺った日にはみせることのなかったうれしそうな表情で「よろしくお願いします」と返された．

●● そのときの管理者の心の中

「え〜っ！　その反応の違いは何ですか？」
「たしかにね〜，この（新卒スタッフの）笑顔で挨拶されたら，そうなりますよね」

●● 気づかされた内容

　事前に伺ったとき，管理者自身も利用者ご本人に緊張を与えないように，雰囲気作りには配慮しており，それなりに笑顔もみせていたが，新卒スタッフの笑顔に明らかにうれしそうな表情をされた．誰が見ても管理者のほうが経験もありベテランであるのに，そんなことはまったく関係のない様子であった．たしかに，リハビリサービスの内容・質はより良いものを提供するのは大前提である．しかし，そのサービスを受

けるほうがサービスに興味を示さなかったり，緊張したままではよいスタートはきれない．訪問を重ねながら関係も作る必要はあるが，新卒スタッフの笑顔だけで，その時間が一挙に短縮できたのは事実であった．

●● 気づいてからの対応

「笑顔を忘れずに」は訪問リハビリに限らず，対人サービスにおいては基本的なことであり誰もが心がけていることである．たしかに，新卒スタッフの笑顔はすてきであると常日頃から感じていた．若いがゆえにかわいらしさも備えているが，その新卒スタッフの笑顔を見ると「よかった」と感じる安心感がある．さまざまな業務の出来事の中で，その新卒スタッフの喜怒哀楽の表情を見るが，改めてその新卒スタッフが笑顔で人と接する力を感じた場面であった．そのことをそのスタッフに直接伝え，自身の大切な強みとしてほしいと話した．

解説 複数のスタッフを抱えていると，それだけ個性もさまざまで，その個性もプラスの部分,マイナスの部分の両方を誰もが備えている．本人以外の周囲は，そのプラス面もマイナス面もわかっているのに当の本人は気づいていないことが多い．特にプラス面に関して「自分の長所は？」と問うたときに，自信をもって答えるスタッフは少ない．短所は改善に時間がかからないものもあれば，長期的に努力が必要なこともあるので，改善が見られるまで本人が自覚していれば意識は途切れない．しかし，長所はその時点で「長所」であり，改善する必要がないので「さらに伸ばそう」と本人自身では意識が向かないことが多い．まして，前述の通り本人が気づいていない場合もある．他のスタッフの長所を学ぶためや，その長所を生かしたそのスタッフらしいリハビリサービス提供を展開していくためにも，管理者は率先して，各スタッフの短所だけでなく長所をオープンに伝えることも必要と考える．

今年，当時のこの新卒スタッフ（もう6年目を迎えるが）から届いた年賀状には「笑顔の絶えないすてきな一年になりますように」とメッセージが添えられていた．いくつになっても，人を安心させるその笑顔は大きな力である．

管理者編

41 ひたむきさが他事業所のスタッフに伝わったとき

●●きっかけとなった場面

　理学療法士としての経験は5年目，訪問リハビリに携わってまだ3カ月目のスタッフ．他法人の小規模多機能施設（以下，施設）のケアマネジャーからの相談ケースを受けることになった．右脳梗塞の70歳代の女性．運動麻痺はごく軽度であるが，左の注意障害（空間および身体）が強く，左半身のポジションが認知できていないため，歩行は可能であるが，バランスをくずして転倒を繰り返している．知的機能は比較的良好であるため一人で動くと転倒してしまうことは理解されているが，左身体のイメージが非常に悪いのに反し運動機能が良好であるため，どうしても自ら動いてしまうという繰り返しであった．

　独居であるが，ご本人は自宅での生活を強く望んでいる．現在は，施設での泊まりを利用しながら，月に数回，自宅に戻ることを繰り返しているが，一人で自宅で過ごすのは非常に危険であり，施設スタッフも時間が許す限り，一緒に自宅で寄り添っている．自宅の賃貸期間が迫っており，3カ月以内に自宅での生活が可能かどうかの見極めを迫られていた．しかし，訪問リハビリは限度額の関係で月に20分（1回）を2日しか利用できない状況であった．そこで月に2日，自宅に伺い，必要な環境設定と動作を確認した後，次に施設へ出向き，施設のスタッフへ歩行介助やベッドと車いすの移乗方法の伝達を行った．居室の環境も自宅の環境に近い状態にしていただいた．施設のスタッフ自身も試行錯誤を繰り返し，よりよい介助方法などを提案してくださるようになっていた．しかし，注意障害は重度であり，思うような改善がみられず自宅復帰は厳しい状況であった．

　そのようなときに，ご本人が体調をくずし当法人の病院に入院することになった．入院中にリハビリが行われることになったため，病棟リハビリスタッフへも重度な注意障害による動作の制限があることをはじめ，ご本人が独居を強く希望していること，自宅の環境などを伝えるための連携を図った．入院され，数日経った頃，担当のケアマネジャーから担当の訪問リハビリスタッフへ葉書が届いた．車で5分程度のところにある事業所なのだが，わざわざ葉書が届いた．

●● 気づかされた言葉（場面）

その葉書には，訪問リハビリスタッフが訪問業務の合間をみつけては施設へ出向き，施設のスタッフと連携を図る姿勢に感謝の言葉がつづられており，ケアマネジャー自身もその姿勢に影響を受けているという内容であった．しかし，その葉書を読んだ訪問リハビリスタッフはあくまでも謙虚で「ありがたいですけど，私，何もできてなくて（利用者の転倒は続き自宅復帰はかなり厳しい状況であった）申し訳ないです」と話した．

●● そのときの管理者の心の中

「今回のケースは難しいケースだから仕方ない部分もあるのに，本当になんとかしてあげたいと真剣に向き合っていたんだね．その姿勢が施設スタッフにまで影響を与えたのはすごいことだよ!!」

●● 気づかされた内容

訪問リハビリサービスは，当然のことであるが，利用者が自宅で過ごせるように支援するサービスである．しかし，難しいケースに出会ったとき，どうにもならないことがあるのも現実である．今回，訪問リハビリスタッフは，訪問リハビリに従事して間もない頃にそういうケースに出会い，自分の頑張りではどうにもできないことを初めて経験した．一方，施設スタッフも難しいケースで，どうしていいのか悩んでいたときに，自分たちで取り組めることをみつけ積極的に関わることができたのは，いただいた葉書より訪問リハビリスタッフの真剣なかかわりによるものだと確信した．

●● 気づいてからの対応

その後，利用者は施設入所の方向となり訪問リハビリも終了となるが，少しでも良い状態で入所できるよう，最終的な引き継ぎ書を作成し再度施設へ引き継ぎに出向いた．最終的に小規模多機能施設への入所となった．

解説 難しいケースにおいては，自宅に戻れなかったり自宅生活が継続できなかったりすることはやむを得ない場合がある．すなわち，訪問リハビリサービスを利用しても結果が出ないこともある．そのような難しいケースの場合は，他のサービススタッフにおいては，先に諦めの気持ちが入っている場合もあるかもしれない．しかし，今回のように，改善は見込めないとしても，ひた向きな姿勢が施設スタッフも一緒になって「自分の家に戻してあげたい」という気持ちにさせ，自宅には帰ることができなかったが「諦めず関わってもらった」と利用者の心にもきっと届くと考える．

管理者編

42 訪問リハビリスタッフはお話上手でなければならない!?

●● きっかけとなった場面

　作業療法士として4年目であるが，非常勤雇用の時期などもあり一つの職場で長期的に働いた経験のないスタッフを採用した．採用面接時に管理者の勘であるが，「この子は成長する」と感じたのが採用した理由だった．受け答えに多少，自信がない様子であったが「あなたのストレスの対処法は？」の返答が「ストレスですか？……ないと思います」が印象的であった．

　就職して，最初の頃は経験あるスタッフに同行しながら，訪問リハビリについて学んでもらう予定であった．しかし，同行した先輩スタッフからは「利用者との会話ができない」「ご家族にも話しかけができない」「私（先輩スタッフ）が質問しても答えない」と報告があった．管理者からは「質問しても答えないのは，何も答えを考えていないから？　考えている途中だから？　答えは頭の中にあるけどうまく説明できないから？」と問うと，先輩スタッフからは「そこまで考えていませんでした．私のテンポで話していました」と自らの指導方法を振り返った．

　それからは，先輩スタッフが少し「待つ」ことで，そのスタッフが発言する場面も少しずつ増えてきた．そのような時期に，管理者が講師を務める研修会に参加者として一緒に行くことを提案，管理者の予想に反してすぐに参加を決めた．少しずつ頑張りがみえていたので，全国で働く訪問リハビリ従事者と交流して自分の訪問リハビリサービスを振り返る機会にしてほしいと考えた．

●● 気づかされた言葉（場面）

　研修会中は，グループワークでも積極的に発言している様子が伺えた．そして，研修会から戻って間もない頃に先輩スタッフが体調をくずし，急に休むことになった際も自ら積極的に先輩スタッフが担当する利用者の訪問を引き受けてくれた．入職時に比べ，変化がみえてきたことに対し本人自身はどう感じているかを問うてみた．すると「一緒に連れていってもらった研修会がきっかけになりました」と話した．

●● そのときの管理者の心の中

　「自分がいつ変わったかということを実感しているんだ．そして，今も変わろうと努

力しているんだ．でも，周囲のスタッフと同じような積極的なスタッフになるよう無理せず，あなたらしさを大事にして成長してほしい」

●● 気づかされた内容

　今まで採用したスタッフは，今考えるとたまたまであったのかもしれないが，お話好きのスタッフが多かった（話すことが苦手な人は訪問リハビリで働くことを希望しないかもしれない…）．よって，いつの間にか，管理者のほうも，職場のスタッフも「お話が苦手な人は向かない」と決めていたのかもしれない．たしかに話しかけができなかったり，反応が少ないのは利用者や状況によっては困ることもある．だからといって，誰もが同じような量やテンポで話す必要はなく，このスタッフのように多少控えめでも，しっかりと利用者・ご家族と向き合い，今の自分の役割などを見据えることも大事であるということに気づいた．

●● 気づいてからの対応

　そのスタッフらしさを大切にして，そのスタッフらしいサービスの提供をしてほしいと見守っているが，こちらが見守っている以上にさまざまな展開を行っているようである．また徐々にわかってきたが，決して積極的に動いているようにみえないが，小さな雑用も率先して行い，それをアピールすることもなく利用者に関する準備（手工芸作品の準備や見栄えよく完成できるようにとの段取り，便利なグッズ探しに休日の時間を費やすなど）も細やかである．いつの間にか，芯のしっかりしているスタッフという存在になっている．

解説

　セラピストの長所短所については項目○でも述べているが，「お話上手」といわれるように利用者・ご家族との会話ができないと，この仕事には向かないかもしれない．しかし，考えがしっかりしていれば，言葉が少なくとも必要なことが相手に伝わり，行動が伴っていれば何も問題がないということを教えてくれたスタッフである．そして，スタッフ自らが言っていた「私，話すより聞くほうが好きです」というように，誰よりも一番，人の話を聞ける存在であることを，言葉が少ないという反する表現で見逃していたような気がする．

　短所が確実に変化するということは，周囲の協力と自分の努力が必要であり，その成長を周囲・本人ともに皆が言葉に出して確認することは，継続的に変化・成長を続けるために必要な作業である．

管理者編

43 弱音を吐かない スタッフたち…

●● きっかけとなった場面

　卒業してすぐに訪問リハビリの現場に就職した，高校生のようにかわいいスタッフ．新卒であるため，先輩たちに頼りながら業務をこなす日々であった．就職して2年目の頃，同居していた家族が長期入院となりそのスタッフは家事一切を行うことになった．同時に入院先へ様子を見に行ったりムンテラの呼び出しがあったりと，かなり生活スタイルが変わってしまった．さらに長年連れ添った愛犬も他界するなど，仕事にも十分慣れていない時期にさまざまなことが重なってしまった状況であった．他のスタッフも心配して「無理しなくていいんだよ」と声をかけるものの，本人は「大丈夫です」と言うのみで，「大変です」「しんどいです」など消極的な発言をまったくしなかった．
　そんな日が続いていたある日，管理者が訪問業務を終え訪問車を止めて事務所に戻ろうとしたとき，一台の訪問車の運転席のシートが倒れていた．そっとのぞいてみるとそのスタッフが眠っていた．

●● 気づかされた言葉（場面）

　眠っていたといっても，訪問業務から戻った時間から推測すると，さほど長時間は眠れていないはずである．いつも笑顔で「大丈夫です」と言うため，いつの間にか，管理者も当初ほど心配しなくなっていたが，本当は一瞬でもいいから眠りたくなるほど疲れているのかもしれないと気づいた．

●● そのときの管理者の心の中

　「本当はそんなに疲れているのに，誰にも心配かけないようにしているんだ」

●● 気づかされた内容

　本当はしんどいのに「しんどい」と言えないような職場環境では決してなく，まして，一番年下のスタッフであるため，年上のスタッフに頼ることはまったく問題のない環境であった．どれだけこちらが声をかけても，本人が頑張ろうとしているのであれば，その状況をそっと見守ってあげることも必要なのかもしれない．

●●気づいてからの対応

　管理者が事務所に戻って，数分後にそのスタッフも事務所に戻ってきた．何事もなかったかのように，普段と変わりない様子であった．管理者も車で休んでいたことには触れず，主要なスタッフには本人には伏せておくという約束で，車の中で休んでいたこと（本当はかなり疲れている状況）を伝え，改めて皆で温かく見守り，何かあったときはすぐにフォローすることを確認した．

解説

　今回の家族の入院に限らず，スタッフは誰しもある時期にピンチな状況に陥るときがある．自身の体調不良，妊娠，極度の精神的ストレスなどそれぞれである．そして，そのそれぞれの事情やそれぞれのスタッフによって，他のスタッフにフォローを求めたり，自ら「つらいです」「しんどいです」と相談するレベルは異なる．周囲が「それぐらいで」というレベルと，「そこまで無理しなくても」というレベルが存在するのは，それぞれのスタッフの環境や本人の忍耐力などにより異なってしまうのは否めない．したがって，すぐに根をあげてしまうスタッフに無理を押しつけてもよい結果は導けないし，また頑張りが利くスタッフに，無理に早期からフォローし過ぎるのも同様である．

　特に後者の頑張り屋さんスタッフの場合に気をつけたいのが，頑張り屋さんスタッフは人に迷惑をかけることに非常に遠慮深く，自分で工夫・努力することを惜しまないので，早期に手を差し伸べると「私がいると皆の足手まといになっている」「皆も忙しいのに，私のことでさらに負担をかけている」など，まったく本人に非がないのにもかかわらず，自分を責めてしまうことがある．また頑張り屋さんスタッフが「責任ある仕事に携わりながらピンチな状況になる」という経験が初めての場合，「どこまで頑張ればいいのか？」「どこまで頑張ればそれは無理をし過ぎ」ということになるのかの判断ができないことがある．

　管理者をはじめ，周囲のスタッフは本人の頑張りを見守りながらも，これ以上の頑張りは本人だけでなく，利用者，他のスタッフ，家族（妊娠であればお腹の中の赤ちゃん）にまで負担をかけることになると判断した場合は，本人の頑張りを認めつつ，強引にでも頑張ることをいったん止める必要がある．そうしなければ，第三者にも負担がかかってきて，その第三者と本人の関係に歪みが出る危険性があるからである．非常に難しい見極め作業であることはたしかであり，スタッフそれぞれがどのタイプなのか常日頃から留意しつつ，業務がスムーズに進むよう全体を見据えた判断能力が管理者には求められる．

管理者編

44 故意的に仲間はずれをする管理者

●●きっかけとなった場面

　最近，訪問リハビリ部門の管理者を対象とした研修会の講師の依頼を受けることがあり，自分の職場での出来事や，現場での管理の実際の紹介も行う．その中で，スタッフ教育やスタッフの精神的サポートに関して，いくつかのパターンをまとめて紹介した．「管理者から直接的にスタッフにアプローチするパターン」「管理者からベテランスタッフなど第三者を介してアプローチするパターン」「ケアマネジャーなどに，『今，教育実践中なので，このスタッフへの配慮をお願いします』と根回しするパターン」などいろいろなパターンがある．それらを図式化して，視覚的にわかりやすく伝える工夫を試みた．その中で，ある一つのパターンの図が，どうみても一人のスタッフを管理者と全スタッフで仲間はずれしているような図になってしまった．これを紹介すると，波紋を呼ぶのではないかと試行錯誤したが，そのまま講義に使用することにした．

　その仲間はずれのパターンとは，一人のスタッフが他のスタッフには伏せておいてほしいということ，例えば，自身や家族の病気のことなど管理者（と限られたスタッフ）だけに報告があった場合，伏せておくのが基本だが，管理者の判断で時期と状況をみて，本人には伏せておきながらスタッフ全員に知らせることがある．スタッフや家族の体調に急なことが起きたときに慌てず対応するためであったり，触れてほしくない部分に周囲のスタッフが気づかずに触れてしまわないという配慮でもある．また，急なことが起きそうな時期には，本人の精神状態も不安定になることもあり，周りがさりげなくサポートすることも必要であるからである．

　また，教育的には，あるスタッフのマイナスポイント（苦手なこと？）を教育する際に，病棟とは違い，訪問リハビリの現場は管理者や指導者の目の届くところで業務が行えない．極端に言えば，スタッフが視界に入るのは，朝礼，昼休み，夕方の時間で合わせても2時間には足りないであろう．まして事務所では対利用者・ご家族の場面でもない．よって，そのスタッフのマイナスポイントの場面に遭遇したスタッフが，その場でアドバイスや声かけすることが必要と考える．そのためには，全スタッフが互いに全スタッフのマイナスポイントを知る必要がある．マイナスポイントを管理者に報告し，管理者から指導するというのも一つの方法ではあるが，その方法だけでは

その現場を見ていないので，より核心をついた教育はできないであろうし，報告したスタッフも何か「告げ口」したような気持ちにかられるのではないだろうか？　また，全スタッフにマイナスポイントがあると知ることはイコール自分にもマイナスポイントがあるという自覚を持つことになり，そしてまた，それは決して卑下することではなく，少しずつ克服していけばよいという考えにつながると考えている．もちろん，各自のプラスポイントも意識して表現するようにしている．

●● 気づかされた言葉（場面）

　講義が終わり，懇親会である受講生から「なんだかチームという感じがするすてきな職場ですね」「スタッフがお互いのこと，そこまで思いやることができるのですね」「細やかな管理ですね」「うちの職場はそこまではできませんよ」「あのようなやり方も一つですね．参考にして取り組んでみます」と管理者の心配していたような反応とは反対に，前向きな興味を示していただける声かけをたくさんいただいた．

●● そのときの管理者の心の中

　「あ～よかった．他の事業所も苦労されているんだな．でも，私のやり方が正解かどうかわからないんだけど…」

●● 気づかされた内容

　自分の実践を紹介したのはたしかであり，オリジナルな講義であったため，その内容が正しいかと問われれば返答に困ってしまう．しかし，他の事業所の管理者も訪問リハビリという特殊な世界での管理のスタイルに悩まれていることは明らかになった．

●● 気づいてからの対応

　自分の職場は協力的なスタッフにも恵まれているということにも気づいたため，自分の役割として「訪問リハビリという特殊な職場でのスタッフ管理」について，多くの方に少しでも参考にしていただける管理スタイル作りに取り組もうと考えるようになった．

解説　「教育」とは必ずといってよいほど，「先生-生徒」「ベテラン-新人」など師弟関係が前提となるが，訪問リハビリのように，直接教育できる場面を共有することが難しい場合，紹介したようなスタイルを取る必要があるのではないかと考えている．このスタイルを確実なものにできるよう，今後も現場でスタッフと向き合っていこうと思う．

管理者編

45 訪問リハビリサービスが終了しても思いは終わらない
〜すてきな年の重ね方

●● きっかけとなった場面

　管理者よりも5歳年上の姉さんスタッフ．セラピストとしても訪問リハビリにおいても経験年数は管理者よりも少ない．しかし，ここぞというときは，お姉さんとして，よきアドバイスをくれる大事なスタッフである．そのスタッフが90歳代の男性を担当していたときのことである．訪問リハビリ利用前から通所サービスを利用されていたが，何度か体調をくずされ徐々に体力が低下し，屋内歩行に介助が必要となってきた．妻との二人暮らしで子どもは近くにいるが，日中は仕事に出ているため，子どもたちも老夫婦だけの生活を心配されている様子であった．訪問リハビリでは起居動作をはじめ，屋内移動の安定性を目的に介入していた．2名のスタッフが交互にお伺いしていたが，ご本人は姉さんスタッフのことをとても気に入っておられ，毎回の訪問を楽しみにされていた．しかし，そのような中，再度体調をくずされ入院，逝去された．

●● 気づかされた言葉（場面）

　その後，姉さんスタッフより報告を受けた．「亡くなられてすぐ娘さんから電話をいただいたんです．『Uさん（スタッフの名前），お父さんに声かけてあげててくれる？大好きなUさんの声を聞かせてあげたくて』と．姉さんスタッフは携帯電話越しに「Uですよ．頑張られましたね」と声かけしたとのことである．そして，娘たちに姉さんスタッフは「看護師さんにお願いして，娘さんたちの手でお父さんの体をきれいに拭いてあげられたらいいですよ」と伝えたという．後日，娘たちから「あのとき，みんな動転していて，体を拭いてあげようなんて思いもつきませんでした．とてもよい時間を与えてもらったような気がします．ありがとう」とお礼の電話があったとのことである．

●● そのときの管理者の心の中

　「姉さん，すてき過ぎます（涙）」

●● 気づかされた内容

　この人（姉さんスタッフ）は，訪問リハビリに従事するセラピスト以前に，「人の生活・人生に携わる在宅スタッフとして，在宅生活の最期まで，ご本人・ご家族のことを考えられる人なんだ」と感じた．管理者（筆者）は担当している利用者が厳しい状況で入院された際は，お見舞いで足を運んだりしたとしてもどこかで役割を終えてしまっている．ケースによっては，たしかに介入する余地はない場合もあるが，それはこちらが一方的に判断するのではなく，実際の訪問が終了しても，私たちのかかわりが必要とされるなら，許される範囲で関わることも必要なのではないか．

●● 気づいてからの対応

　今回のように，体調悪化によりサービスが提供できなくなった場合や，サービスがうまく展開でき「訪問リハビリ卒業」という場合のいずれにおいても，継続的に（ごく短期間であっても，長期にわたっても）私たちのかかわりがご本人にとって必要であれば，担当の訪問リハビリスタッフの判断で行ってもよいことと考えるようになった．

　他の訪問リハビリスタッフが，がんでお亡くなりになったケースの職場の「偲ぶ会」にご家族から招待されたが，リハビリサービスが終了している状況でかつ仕事関係者でも身内でもないため，参加に躊躇していたときも管理者（筆者）から「行っておいでよ．奥さん喜ぶよ」と後押しが自然にできた．その訪問リハビリスタッフからは「奥さん，私の顔を見てボロボロだったけど，喜んでくださっていました．リハビリに一生懸命だったご本人のことを思い出して二人で泣いちゃいました．でも行ってよかったです．ご本人の人柄がわかるすてきな会でした」と報告があった．

解説　訪問リハビリが利用者の死去に伴って終了することは稀である．よって，訪問リハビリが終了してからのその人の人生の中で，訪問リハビリサービスや訪問リハビリスタッフとのかかわりが，その後になってどのような意味があったか，私たちは知らないのが普通である．しかし，サービス終了後に関わることで，終了後もそれらの意味が継続して存在していることもあることを知ることができる．これは，私たちの人生においても同じだと思われる．一時期でも何かに一緒に懸命に取り組んだ仲間は，物理的に離れてしまっても，一緒に過ごしたときの経験や思いは継続的に自分の中で存在し続けていて，自分の支えになっている．そして，ピンチのときには，ふと連絡を取ってしまったりすることもあるだろう．

　私たちの訪問リハビリサービスは，介入時はもちろん，ご本人・ご家族のその先の人生にも影響を与えていることもあるのだということを意識する必要がある．

管理者編

46 きれいな管理

●● きっかけとなった場面

　管理者が自身の中学校の同窓会に行ったときに，当然のことであるが，同級生それぞれさまざまな職業に就いていた．その中の一人で空調関係の会社で管理職になっている同級生がいた．「管理職」という立場では，部下の教育，組織づくり，他部署との関係作り，経営陣とのやりとりなど，同じような悩みを抱えており，業界が違っても「職場を管理する」ことにおいては共通点が多く，管理職について改めて考える貴重でかつ楽しい時間であった．

　管理者である筆者は，社会人としては作業療法士以外の職に就いたことはなく，かつ，この10数年は訪問リハビリ以外の世界は知らないといっても過言ではないぐらい，どっぷりこの世界に携わっている．よって，今の管理職としてのあり方について，医療従事者としての管理職研修を受けたり，市販されているリーダー論の書籍を読むなどはしていたが，今回，同級生のように，まったく業界が異なる管理職の人と直接，管理業務について話すことは初めてに近い経験であった．同級生自身も同様で，筆者の仕事について興味を示し，いろいろな質問を投げかけてきた．

●● 気づかされた言葉（場面）

　そんな会話の中，同級生から「どんな問題も，きれいにおさめようとするね．僕らはグレーにおさめることもあるよ」と言われた．

●● そのときの管理者の心の中

　「『きれいに？ グレーに？』って…グレーにおさめることってどういうことだろう？　きれいにおさめようとしているわけでもないんだけど…」

●● 気づかされた内容

　同級生には筆者の仕事のすべてにおいて「人」が相手であり，結果を示す際にも数字がすべてではないことに興味を持ったようで，「管理する対象が限りなく人であり，その対象に対する成果や成績を示すのが数字ではないもの」であるとき，その指標が「きれいなおさめかた」と表現したようである．

たしかに，私たちの仕事は「その人の満足」「その人らしさ」など，結果が「建物が完成した」というように目にみえるものではなく，数字も何件訪問できたからといって，報酬としては数字であらわせるが，件数の内容が質的に良好かそうではないかはわからない．反面，私たちはそれらを形や数字であらわすことに重点をおこうとも考えていない．あくまでも管理者の最終目的は利用者と利用者の生活のためにである．また，現場では利用者だけでなく，ご家族，他職種など利用者を取り巻く環境も「人」である．改めて表現することではないが，私たちの仕事は結果が形や数字で示すことが難しい「ヒューマンサービス」なのであることに，改めて気づかされた瞬間であった．

●● 気づいてからの対応

それ以降，日々の業務の中での自分の管理が「きれいにおさめられたか？」「きれいな経過をたどっているか？」など少し意識するようになった．また，そう意識して気づいたのであるが，たしかに少しでもうやむやな部分を残して対応したり，「たぶん」という意識で関わってしまうと，きれいな経過をたどらないため，きれいな結果におさめることができないことが多いようである．

解説

「きれいな管理」は聞こえはよい（何かエレガントな管理者をイメージするかもしれない）が，それを求めるには，実際にはさまざまな強さが伴わなければならないのではないかと感じる．利用者の生活を整える作業，利用者を理解・共感しようとする姿勢など，きれいな結果にたどりつくための，根気強さ，細やかな強さ，途中で投げ出さないやり切る力などである．

スタッフに対しても，他職種に対しても同様であり，特に管理者の揺らぐことのない筋の通った姿勢がないと信頼を得ることもできないであろう．「きれいと強さ」は一見，相反する言葉であるが，管理者が備える必要のある要素かもしれない．

今回，まったく業界の違う同級生の一言から，自分の管理職としての姿勢を振り返る良い機会になったが，私たちはあまりにも狭い世界でしか働いていないということにも気づかされたし，同級生も同じように感じたため，いろいろな質問を筆者に投げかけたのだろう．勉強会や研修会に行っても，飲み会に誘われても，大半が同業の仲間の集まりである．経験年数的に生活の中で仕事が占める時間がプライベートな時間まで及んでくることも多いが，まったく違う業界の人たちと出会うことで，まったく気づいたことのない視点を発見できることもあることを今回経験し，今後は積極的に違う業界の人たちと出会うことは難しいとしても，メディアを利用するなどして見たり読んだりしてみようと思う．

管理者編

47 20歳の年齢の差が教えてくれたこと
～40代の管理者と20代のスタッフ

●● きっかけとなった場面

　管理者の担当するケースが，ある時期，管理者と同世代のALSやターミナルのケースであることが複数続いた．ある程度の年齢に達すれば，対象となる利用者も自分と同じ年になってくることはごく自然なことであるが，管理者と同じ40～50歳代という時期は，家庭では子どもの成長を頼もしく感じる時期であり，仕事では責任ある立場であったり，仕事に対しやりがいを感じる時期であることも多い．今回は，短期間に同世代のケースが重なったため，管理者の心情は複雑であった．同じ訪問リハビリに従事する県外の先輩にも，同世代のケースを担当するとき，どのように気持ちを整理したらよいのかなど相談を持ちかけたりしていた．しかし，ふと気づいたが，同じ世代の利用者には複雑な思いが生じるのに，その他の世代の利用者には，特別な感情が湧くこともなくお伺いしている矛盾に気づいた．70～80歳代の世代の方でも，介護保険を利用することなく暮らしている方は多く，そう考えると，70～80歳代の利用者も訪問リハビリサービスを受けているということは決して当たり前のことではないのである．

　ちょうどその頃，当事業所の若手スタッフの祖母が100歳直前であるということを知った．祖母はお元気で簡単な身の回りのことは，ご自分でされているということであった．沖縄では90歳以上の訪問リハビリ利用者も多く（利用者全体の1割弱が90歳代の利用者である），この若手スタッフも90歳以上の利用者を複数担当していた．

●● 気づかされた言葉（場面）

　管理者はその若手スタッフに「自分の祖母が100歳近くで元気に過ごしていて，身の回りのことも自分でされているということをみている一方，訪問業務場面では祖母と同じ歳または祖母よりも数十歳も年齢が若い利用者をみているのはどのような心情か」を問うてみた．

　若手スタッフは，祖母よりも若い，70や80歳代の方が介護保険にて訪問リハビリを利用されていることに対し「おばあちゃんよりも若いのに大変な人が多いなあ」と感じているという．しかし，さらに若い世代である，管理者と同世代の利用者を担当していても，管理者が抱くような複雑な思いは強く生じることはないと教えてくれた．

管理者編

●● そのときの管理者の心の中

「私と正反対の気づきだ!! もっとスタッフたちの気づきも普段から表現してもらえるようにしなくては!」

●● 気づかされた内容

　気づき1：どちらの場合も，年齢に関係なく同じ思いでリハビリ介入するのは基本であるが，スタッフ自身と同じ年齢の利用者や身近な元気な高齢者よりも若い年齢の利用者に対し，抱く感情は異なることがあるのかもしれない．しかし，それは担当スタッフを取り巻く環境に左右される部分もあり，本来は年齢に関係なくリハビリ介入できるよう心がけようと気づくことができた．

　気づき2：今回は管理者と若手スタッフが20歳もの差があることから，気づけた視点である．世代やスタッフ間の環境の違いにより，管理者が気づいていない視点をスタッフが持っていることは当然であるため，もっと意識してスタッフの気づきを表現してもらうことも大事なことだと気づいた．

●● 気づいてからの対応

　今回の気づきをくれたスタッフは，スタッフの中でもおとなしいほうで自分のことを強くアピールすることはない．聞き手にまわることが多く，いつも丁寧に人の話を聞いているので，管理者もついつい本人の考えを引き出すという意識が薄れがちになっていた．今回のやりとりをする中で，直接その場で，すてきな視点を持っていることと，このような視点を普段から積極的に表現することは，他のスタッフの視点を増やすことになるので遠慮しないように伝えた．また管理者も改めて，一人ひとりのスタッフが持っている気づきを，スタッフ自身の言葉で表現できるよう日頃のスタッフとのかかわりに細やかさを忘れてはいけないことを再認識した．

解説　何度も繰り返すことになるが，私たちは気づきの有無により提供するサービス内容や想いが変化する．気づかなければ，担当するケースの存在意義やケースが抱える問題に変化は起こらず，私たちの気づきが存在するか否かで，そのケースのその後の生活が変わってくる．その気づきは，セラピストとしての経験年数や人生の経験年数にかかわらず，どのスタッフの中にも存在しており，それを引き出して表現できるようサポートするのも管理者の大切な役割であり，そのタイミングを逃さない管理者自身の気づきも求められることになる．

　本書でもおわかりの通り，スタッフの年齢や経験年数にかかわらず，誰もが「気づき」を持っているのである．

管理者編

48 遠距離仲間

～全国にいる兄さん，姉さん管理者

●● きっかけとなった場面

「20歳の年齢の差が教えてくれたこと」の中でも紹介しているが，ある時期，管理者と同世代のALSやターミナルのケースを複数担当することが続いた．さらに，管理者（筆者）の8歳年上の夫と同じ年のALSや徐々に神経症状が悪化している頸髄症の男性も担当したため，さらに心情的に複雑なまま訪問業務に携わっていた．自分が年齢を重ねれば，自分と同じ世代の利用者と出会うのは当然のことであり，受け入れるしかないということは頭の中で理解できているが，何か心の中で引っかかるものがり，どうにか平常心に戻れないかと少し焦っていた．職場のスタッフにも正直に「わかってはいるんだけど，何か引っかかりながらの訪問になっている」と話すも10～20歳差あるスタッフにしたら「そうですね．科長（筆者）やご主人と同じ歳ってやりにくいですね」と返してくれるのが精一杯の様子であった．

同じように悩んでいる人，もしくは悩んだことがある人はいないかと考えたときに，全国にいる訪問リハビリ仲間の中で兄さん，姉さん年齢に当たる方にメールをさせていただいた．

●● 気づかされた言葉（場面）

いただいたお返事を紹介する．「年齢が近いからこそわかってあげられることがあると思いますので，それは強みにしてアプローチにつなげればよいのだと思います」「あるがままで」「上下関係がはっきりしていると，こちらの立ち位置がわかりやすいのに比べ，同世代とは立ち位置の設定が難しいのかと思います」「自分も含め，一人ひとりの人生を年代ではくくれません」「だいじょうぶ‼ もう少し歳を重ねると，年代や年齢は関係なくなってきますよ」

●● そのときの管理者の心の中

「やはり，人生の先輩方だな．そして私という人間を考慮してのお言葉．本当にありがたい」

「精一杯，携わらせていただきます‼」

「こんなに自分の気持ちが変化するなんて，言葉の力ってすごい！」

●● 気づかされた内容

　全国の先輩方からの言葉をいただけていなくても，利用者に対して誠意を持って訪問業務を続けたことには変わりはないだろうが，自分の中で何か引きずりながらのお伺いにはなっていたのはたしかである．言葉の力は不思議であり，こういう力を自らが求めることは，甘えではなく，あえて言葉の力による助けをいただく行動を起こさなくてはならないのかもしれないし，それは少しでも良質なサービス提供を行うためも必要なことかもしれないと気づかされた．

●● 気づいてからの対応

　担当する同世代のケースでの訪問において，以前のような心の中の引っかかりはゼロではないが，なくなってきている．同世代であるためつらいと感じることも自分を利用者に置き換えれば，若いスタッフよりもつらさが共感でき大きな強みである．その共感があるから，関わる姿勢が真摯的であることも伝わるのだと思う．また，他愛のない会話であっても，今のスタッフの中で管理者（筆者）しか理解できないであろう一世を風靡したアイドル話や歌謡曲のことで盛り上がる瞬間もある．利用者にとっては，日常は体調に関する話題が多くなりがちであるため，このような会話も楽しむことも重要である．健康な状態であれば普通になされる会話であり，その「普通」を普通に関われることも強みだと考えるようになった．

解説　ここ数年，訪問リハビリに携わるセラピストが急増している．しかし，その多くが若いセラピストであり，最近はセラピストとして経験年数が少ない人が訪問リハビリに携わることが増えているように感じる．そのような状況で，管理者クラスのセラピストが，管理者としての相談に限らず利用者との現場業務に関して悩んだとき，近くに相談できる世代の仲間や経験年数がいるとは限らない．いるほうが珍しいのかもしれない．

　今回，本書を通して当法人内のスタッフで「気づき」を表現し，全国の訪問セラピストのお役に少しでも役立てればという思いがあるが，当法人内や自身の経験や立場だけでは気づけないこともまだまだ多くあり，このように兄さん，姉さんの存在が，「今後もいろいろな経験をして，たくさんの気づきに出会って，よい歳の重ね方をしたい」と思わせてくれる．本当にありがたいことであり，この仕事に従事するうえで，このような人たちからたくさんの気づきをいただく機会を大切にしていきたい．

管理者編

49 リーダーたちの実践！

〜AKBみたいなチーム編成

●● きっかけとなった場面

　現在，当法人の訪問リハビリ事業所は4事業所あり，約30名のスタッフ編成となっている．各事業所は「チームA（あめく）」「チームG（ぎのわん）」「チームK（かみはら＆クリニック」「チームT（とよみ）」となっており，それぞれ，管理者（リーダー）がいる．月に1回，全スタッフを集めての勉強会を行っており，各チームから選抜されたメンバーで毎回，勉強会の内容を決め準備に当たっている．ある月の勉強会のテーマが「ベテラン（リーダー）のケース発表が聞いてみたい」であった．日々，忙しくしているリーダーたちに対し勇気あるテーマ設定であった．多忙な業務の中での当日，資料準備が十分ではないリーダーもいたが，自分の担当したケースをそれぞれのカラーで発表した．

●● 気づかされた言葉（場面）

　チームAのリーダーの発表は，ヘルパーとの連携により，ご本人が主婦としての調理の役割を再獲得したケースであったが，主任ヘルパーとの調整，現場に入るヘルパーへの業務負担にならないような配慮を細やかに並行して行い，材料や工程が複雑な調理に取り組んだケース発表であった．かなりの根気と細やかな気遣いがなければ，目標達成には導けないケースであった．

　チームGのリーダーの発表は，進行性疾患の利用者が生まれ故郷に帰る支援を他の事業所の看護師などと一緒に取り組んだ報告であった．普段のサービス提供時間外での活動ではあるが，長時間にわたる車いすのポジショニング，初めて乗る飛行機での座位のポジショニング（座席の下見ができないため，航空会社にお願いして座席の高さや幅などを確認していた）には，セラピストの同行が必須であった．サービス時間外であるが，その人の生活に介入している者として，帰郷するという生活の中の一部に関わる支援であり必要なかかわりと思われた．

　チームTのリーダーの発表も進行性疾患のケースであった．ケースはすてきなお庭がある自宅に住んでおられたが，今は手入れができる者がいないため雑草が生い茂っていた．ふとしたきっかけで，「ガーデンパーティーができたら…」という話になり，ご本人も奥さんも希望が膨らんだ．リーダーは「同じやるなら，少しでもガーデ

ンパーティーらしく」という思いで，休日に一人で庭の整備を行った．パーティー当日は他の事業所の在宅スタッフとともに，美しくよみがえった庭での楽しいパーティーとなった．本当はそうやって友人を招いてのガーデンパーティーを楽しむ予定であったご夫婦にとって，束の間の楽しい時間になった．

チーム K のリーダーである管理者（筆者）は長期間関わっているケースから，毎年毎年多くの「気づき」をいただき，その「気づき」は管理者（筆者）からスタッフへ日々伝えていることであり，時間を経ても新鮮で色あせない「気づき」であるということを伝えた．

●● そのときの管理者の心の中

「みんな限りなく細やかだなあ～」「どのかかわりも素直に納得できるのは，共通した思いでつながっているからなのかな？」

●● 気づかされた内容

どのスタッフも，そのスタッフなりに，いつも細やかなサービスを心がけている．当法人の「訪問リハ理念」の中にも「細やかなサービス」をうたっているが，一般的に理念というものは，言葉ではわかっていても現場で実践するレベルに到達するには難しいことが多い．当法人の細やかさもまだまだ不十分ではあるが，全スタッフが「細やかさ」を常に心がけることができているのは，身近なリーダー自身が実践をみせているからではないかと気づかされたケース報告会であった．

●● 気づいてからの対応

忙しい管理業務の中で，今回のようなリーダーのケース発表は頻回にかつ詳細に行うことは難しいが，定期的にリーダーの現場を表現することで，法人としての訪問リハビリの方向性がぶれていないこと，かつ各リーダーの特性が生かせていることを確認する機会を定期的に持ちたいと考えている．

解説

昨今，ビジネス本においてさまざまな「リーダー論」を読むことができる．しかし，それらを理論で終わらすことなく現場で実践できなければ，いつまでもよいチームには発展しない．リーダー自身が日々成長を遂げることがチームの発展につながると信じて，訪問リハビリ事業所におけるリーダーもデスクワークに集中せず，「現場での実践」に携わる必要があると考える．

管理者編

50 共感が成長する不思議な関係
～夫婦でも恋人でもないのに：訪問リハビリに秘められた哲学

●● きっかけとなった場面

　項目49で紹介しているが，当法人には訪問リハビリが4事業所あり科長や主任であるリーダー的な立場の人は筆者を含め5名いる．不思議なご縁であるが，管理者（筆者）は今の法人に就職を決めて実際に働くまで半年以上の期間があり，入職までの間にそのリーダーの2人とは県外での研修会で一緒になったりと，入職する以前から接点があった．また，他のリーダーももとは県外で訪問リハビリに従事していたときがあり，その頃すでに県外で管理者（筆者）と出会っていた．したがって，リーダーの大半と当法人に入職する前からお付き合いがあったという，非常に恵まれたリーダー同士の人間関係である．

　4事業所のうちの一つであるチームT（とよみ）の男性リーダーであるが，チームTだけは他の事業所から地理的に離れており，かつ，他のリーダーは一時期でも一緒の職場で働いたことがあるが，チームTのリーダーだけは，どのリーダーとも一緒に働いたことがないという異なった環境であった．

　しかし，そのチームTのリーダーには執筆や講演活動をお願いすることが何度かあり，お願いした手前，そのリーダーの原稿や講演内容の相談には快くのっていた．初期の頃，原稿だけでは，何を伝えたいかがよくわからなかったため，実際に会って説明を受けた．実際に話を聞くと「おもしろい！」と感じる内容であり，単に表現することに慣れていないだけということもわかった．そういう活動を何度か重ねるたびに，「これって私がどこかで表現したこと？」「私も同じように考えていることだけど，文字にしたらこんなふうに表現できるんだ！」ということが増えていった．ここ最近は「ほぼ全部が似ている」と感じる．

●● 気づかされた言葉（場面）

　そんな中，管理者（筆者）が講師でそのリーダーが受講生という立場であったが，一緒に管理者関連の研修会に参加した際，リーダーに「私の講義って聴講していておもしろいの？」と尋ねてみた．するとリーダーは「普段，一緒に話していることがスライドになった．一般向けに表現するとこうなるんだなあって感じかな？」と特に褒めてくれることもなく，普段どおりの反応であった．

●● そのときの管理者の心の中

「まったく普通な反応…普通すぎるぐらい感覚が一緒なんだ」

●● 気づかされた内容

　他のリーダーたちとも，訪問リハビリに対する考えや目指すところに相違はなく，常に業務が展開しやすい関係であることは確かである．しかし，チームTのリーダーのように日常業務で接点が少ない状況であっても，考えに共感できることが多く，また，その考え方の成長過程も度合いも同様に遂げることが非常に不思議に思えて仕方がない．暮らしを共にする家族であっても考えが一致することはすべてではない．しかし，冷静に考えると，リーダーとは訪問リハビリに関しては一致するが，プライベートでは（仮にリーダーと暮らしを共にしていても）考え方が一致するかと問われればそうではない感が強い．

　また項目48でも紹介したように，全国にいる訪問リハビリ仲間の中でも，訪問リハビリに対する感性が非常に良く似ていると感じる仲間がいる．このリハビリ仲間とは，年に一度も会えないぐらいの関係なので，本当に久しぶりに会って話したり，たまにのメールのやりとりをすると，共感ではなく，相手が視点や考え方の力をさらに身につけていることが非常に明確にわかるのである．そして，それが嫉妬などの感情でなく，純粋にすてきだと受け入れている自分にも気づく．

●● 気づいてからの対応

　訪問リハビリという仕事は，なんらかの哲学的な要素を強く持っており，その基本的な部分がこのリーダーや仲間と共通しているから，考え方やその成長も共通し，たまにディスカッションするときもぶれない関係なのかもしれないと，やや複雑なことを考えるようになった．

解説　「訪問リハビリって？」とまだまだ，悩んでいるセラピストは多い．「この人が唱える訪問リハビリが真の訪問リハビリだ！」ということもあり得ないし，今後もそれは変わらないかもしれない．しかし，長く訪問リハビリに携わり，多くのセラピストと出会う中で，強く共通認識できる部分が存在し，それが訪問リハビリの真髄に当たる部分であるのではないかという可能性を感じている．それらを明らかに表現できれば，今よりも訪問リハビリが発展し，恒久的なサービスになる日が来るのではないか．

　いつの日か，訪問リハビリを哲学的にとは言わないが，わかりやすく言語化して誰もが共通理解できるものにしたいと思いながら，今後も，身近なリーダー・スタッフだけでなく，多くの訪問リハビリ仲間とのお付き合いを大切にしたい．

宇田　薫（うだ　かおる）
1967年，大阪府生まれ，作業療法士．医療法人おもと会クリニック安里訪問リハビリテーションセンター勤務．1989年，国立療養所近畿中央病院附属リハビリテーション学院卒業，同年，宇治徳洲会病院に入職，1993年，京都民医連第二中央病院，2000年，訪問看護ステーションすざくを経て，2007年から現職．日本訪問リハビリテーション協会理事，日本作業療法士協会理事も務める．

気づきに学ぶ　訪問リハの極意！

発　行	2014年5月10日　第1版第1刷Ⓒ
編　著	宇田　薫
発行者	青山　智
発行所	株式会社 三輪書店
	〒113-0033　東京都文京区本郷6-17-9　本郷綱ビル
	☎03-3816-7796　FAX 03-3816-7756
	http://www.miwapubl.com
装　丁	株式会社アーリーバード
印刷所	三報社印刷 株式会社

本書の内容の無断複写・複製・転載は，著作権・出版権の侵害となることがありますのでご注意ください．
ISBN978-4-89590-471-1 C3047

JCOPY 〈(社)出版者著作権管理機構 委託出版物〉
本書の無断複写は著作権法上での例外を除き禁じられています．複写される場合は，そのつど事前に，(社)出版者著作権管理機構（電話 03-3513-6969,FAX 03-3513-6979,e-mail:info@jcopy.or.jp）の許諾を得てください．

■あんなこんな失敗が盛りだくさん！本邦初の失敗事例集

失敗に学ぶ
訪問リハ㊙御法度！

編著　宇田 薫（大浜第一病院）
著　　沖縄訪問リハビリテーション研究会ふかあっちゃ〜

　年々、訪問リハに関わるセラピストの数は増加しているが、その多数を占めるのは、勤続3年未満で訪問リハの経験もない若手セラピストたちである。訪問時は一人という場合も多く、不安を抱えながら訪問をしているというのが現状であろう。一方では、利用者に選ばれる事業所になるために、サービスを提供するセラピスト一人ひとりの力量が問われている。

　本書では、現場で起こりやすい失敗について実際の事例を取り上げ、「内容」「原因」「対応」「結果」「解説」の項目に分けて記載した。「内容」で失敗事例を提示し、「原因」では失敗が起きた理由や背景、「対応」では個人や事業所での具体的な対応、「結果」では対応による改善をまとめた。また、「解説」では今後に生かしたい教訓などについても考察した。失敗を予防するために、起きてしまった失敗を振り返るために、または仲間へのアドバイスのために。一人でも大勢でも活用してほしい1冊！

■主な内容

第1章 訪問リハビリに必要な心構え
第2章 失敗に学ぶ実践
接遇編
1 訪問リハビリ終了後に頂くお茶を断ったために関係がギクシャク!?
2 やっぱり見た目も大事です！
3 大雨の中の訪問で失敗！
4 コミュニケーション不足で失敗！
5 あれ、前にも払ったはずだけど??
一般常識編
1 クラクションを鳴らした相手が、利用者のご家族が運転する車だった
2 あえて伝えなかったことで失敗！
3 サービス担当者会議への参加をすっかり失念！
4 パニック！真夏の恐怖体験
5 ダブルブッキングしてしまった…
6 家はプライベートな空間です！
7 夏は暑いのは当たり前だが…利用者宅の畳に落ちる汗
連携編
1 訪問リハビリ開始までのタイムラグで失敗
2 勝手な解釈で失敗！
3 曜日変更しただけなのに,限度額（給付額）オーバー！
4 耳を傾けなければ、隠れた問題点に気づけない！
5 確認作業を怠り訪問リハビリに大遅刻！
6 ボケ老人扱いされたと激怒！
7 マットの種類を確認せず,褥瘡が再発！
8 投げたはずの脱水症！
プログラム編
1 プログラムの移行に失敗！
2 ご本人の希望を知ったのは1年後でした
3 導入のタイミングを逃してしまった！
4 症状が悪化したとクレームに
5 訴えに対する配慮不足で失敗！

訪問リハビリテクニック編
1 訪問リハビリを終了させたいケアマネジャー,終了したくない利用者
2 歩行練習とご理解頂けず…
3 通所系サービス継続の鍵は
4 介助者の負担軽減のつもりが失敗！
5 利用者を理解できておらず失敗！
6 手すり取り付けちゃった!?
7 キーパーソンとの関係をおろそかにして失敗！
8 訪問リハビリに乗り気でない方へのテクニック不足!?
リスク管理編
1 夜間の内服コントロール不十分により再転倒！
2 まさか！滑り落ちるなんて…
3 環境因子としての主介護者
4 福祉用具を利用者の使い勝手に合わせて改造した結果,バランスが不安定に！
5 利用者の急変に気づき、緊急時の連絡先に連絡を入れようとカルテを開いたが、連絡先の記入がない！
6 心の隙が事故につながった…
7 福祉用具レンタルのベッド導入で失敗！
8 事の重大さに気づくことができなかった…
9 利用者の体温計を持ち帰り失敗！
10 ご家族のリスク管理とセラピストのリスク管理の違いに気づかず失敗！
11 栄養面の管理までできず体調崩し入院で
知識不足編
1 コミュニケーション機器を導入するタイミングが遅れた！
2 ムセに気づいていたのに,何もできなかった私…
3 えっ!身障手帳を持ってたの？
4 キーパーソン＝主介護者と思い込んで失敗！
5 褥瘡は完治ではない─再発への配慮が足りなかった！
6 気づかなかったのは医療人である訪問リハビリスタッフのほうだったのです

第3章 座談会
　伊藤 隆夫・中村 春基・宇田 薫

●定価（本体1,800円+税）A5　頁136　2011年　ISBN 978-4-89590-381-3

お求めの三輪書店の出版物が小売書店にない場合は、その書店にご注文ください。お急ぎの場合は直接小社へ。

〒113-0033
東京都文京区本郷6-17-9 本郷綱ビル

三輪書店

編集☎03-3816-7796　℻03-3816-7756
販売☎03-6801-8357　℻03-6801-8352
ホームページ：http://www.miwapubl.com

■ よりよい訪問リハサービスを提供するために！

図説 訪問リハビリテーション
生活再建とQOL向上

編集　訪問リハビリテーションセンター清雅苑

　介護保険制度が創設されるより以前から訪問リハに介入してきた清雅苑は、訪問リハの歴史が20年をかぞえる。その長きにわたる日々の実践と頻繁な勉強開催など、たゆまぬ研鑽により蓄積されたノウハウをまとめあげたものが本書である。リハの実践的技術はもちろん、心構え、効果、制度、コスト管理など、訪問リハに必要な事項がすべて網羅された内容となっている。さらにふんだんなイラストを用いて解説がなされており、訪問リハの初心者にもベテランにも十二分に活用いただける構成となっている。よりよい訪問リハサービス提供をたしかなものにしてくれる本書は、訪問リハに関わる方であれば誰もが持っていたいお薦めの1冊である。

■ 主な内容 ■

第1章　訪問リハビリテーションを理解するための基本的事項1
- 訪問リハビリテーションの歴史
- 訪問リハビリテーションの位置づけ・役割・ゴール
- 生活期における訪問リハビリテーション―対象者の特性を捉える視点

第2章　訪問リハビリテーションの評価とアプローチ
- 訪問リハビリテーションに必要なメディカルチェック
- 事例から考える
- 運動機能
- 認知機能
- 睡眠
- 食事
- 排泄（1）：トイレでの排泄
- 排泄（2）：トイレ以外での排泄
- 整容
- 更衣
- 入浴
- IADL
- 外出
- 就労
- 3次活動

第3章　生活期における訪問リハビリテーションの連携

第4章　訪問リハビリテーションの効果

第5章　訪問リハビリテーションの制度

第6章　訪問リハビリテーションの流れ
　　　　―直接業務と間接業務

第7章　訪問リハビリテーションの管理業務
- コスト管理
- リスク管理
- 書類・記録管理
- スケジュール管理
- スタッフ管理
- 営業

第8章　訪問リハビリテーションの事例
- 脳卒中例（1）：コミュニケーションへの支援
- 脳卒中例（2）：職場までの移動手段の支援
- 脊髄性小児麻痺：廃用症候群への支援
- パーキンソン病：Wearing ON-OFFが著明な利用者への生活支援
- 脊髄性小児麻痺：生活圏の拡大支援
- 多発性骨端部異形成症：独居生活への支援
- 進行性胃がん：ターミナル期の支援

● 定価（本体3,600円+税）B5　頁236　2013年　ISBN 978-4-89590-440-7

お求めの三輪書店の出版物が小売店にない場合は、その書店にご注文ください。お急ぎの場合は直接小社に。

〒113-0033
東京都文京区本郷6-17-9 本郷綱ビル

三輪書店

編集 ☎03-3816-7796　FAX 03-3816-7756
販売 ☎03-6801-8357　FAX 03-6801-8352
ホームページ：http://www.miwapubl.com

■ "Meaningful occupation（意味のある作業）" を可能にし、作業療法の魅力を伝える17のstory

だから，作業療法が大好きです！

葉山 靖明（デイサービスけやき通り）

　本書は葉山さんが病に倒れ、その後、人として役割をもち、自分らしく生きた6年間の自分史である。

　17項目にわたるテーマは、漬物づくりや門松づくり等（中略）であるが、利用者と葉山さん、森OT、ボランティアの皆様の関わりは、なるほどこのようにすれば「主体的な作業」を獲得できるのかと納得させるものがある。

　「作業ができない」ことの意味、それをどのようにしたら取り戻せるか、その中での作業療法士の役割と必要性等が、実にわかりやすく語られている。

　……本書の社会的な意味は、作業療法の「普遍化」と作業療法士への提言であると思う。慈愛と尊厳に満ちた作業療法という取り組みを、再度、作業療法士自らが見直し、国民の皆様に愛される作業療法士であり続けたいと思う
（「刊行によせて」中村春基・日本作業療法士協会会長　より）

■ 主な内容 ■

デイサービスけやき通りの風景
刊行によせて
まえがき
1　My Meaningful Occupation
2　門松づくりは「意味のある作業」
3　野菜づくりとストレスマネジメント作業療法と
4　パソコンリハビリと生きる力との関係
5　懐かしの「昭和の学校」コーナー
6　George Edward Barton 氏が伝えようとしたこと
7　アウトドアマンの再始動
8　認知症の作業療法は魔法です！
9　葉っぱビジネスの作業
10　書道と尊厳
11　城西ヶ丘のあしながおじさん
12　漬物リハビリから考察したこと
13　生きることについての，ある教職者からの教え
14　私の時期別作業療法観
15　ご近所さんが伝える煎茶文化・音楽文化・南米文化
16　2012・睦月・葉山靖明
17　未来の作業療法士へ

対談
当事者からみた作業療法の魅力　葉山靖明・中村春基

コラム：作業療法士の視点から（森 由江）
「意味のある作業」にするために
"こころ"に触れる関わりを
作業を「生きる力」に
作業療法で「生き返る」
自信を取り戻す"作業"
能力はよみがえる
作業の意味
主体的に取り組むことの大切さ

● 定価（本体2,000円+税）A5　頁114　2012年　ISBN 978-4-89590-411-7

■ "患者力" を呼び覚ませ!!

リハビリテーション効果を最大限に引き出すコツ
応用行動分析で運動療法とADL訓練は変わる 【第2版】

編集　山﨑　裕司（高知リハビリテーション学院）
　　　山本　淳一（慶應義塾大学文学部）

　本書は、応用行動分析のリハビリ分野応用への開拓書となり、セラピストに敬遠されがちな応用行動分析を身近なものへと導いた好評の書である。今回、4年ぶりの改訂として、①応用行動分析についての解説をさらに平易に、より初心者にもわかりやすくし、②リハを行うためのEBM的根拠に基づく基準値データ4年間分を追加、③臨床事例を大幅に入れ替え、特に関心が高まっている認知症への応用例を増やした。
　行動リハビリテーション研究会（2011年）の発足や関連雑誌の発行など、リハの技術として飛躍しつつある「応用行動分析に基づくリハ」を本書を通して身につけてほしい。

■ 主な内容

第Ⅰ章　なぜ, 運動療法・ADL訓練に行動分析が必要なのか
1. 実践してもらえない運動療法
2. ADL訓練の現状
3. 行動分析の導入

第Ⅱ章　応用行動分析
1. 応用行動分析の特徴
2. 応用行動分析の基礎
3. 行動に働きかける
4. まとめ

第Ⅲ章　理学療法, 作業療法現場における応用行動分析の活用
1. うまくいかない場合の原因分析
2. 運動療法の効果を最大限に引き出す方法
3. ADL訓練の効果を最大限に引き出す方法

第Ⅳ章　事例集
　行動レパートリーがある場合
　行動レパートリーがない場合

第Ⅴ章　今後の展望
1. 強化の理論を支持する事実
2. 行動分析と理学療法・作業療法の発展

第Ⅵ章　見通しを与える基準値
1. 筋力の基準値
2. 関節可動域の基準値
3. バランス能力の基準値
4. 酸素摂取量の基準値
5. 身体機能維持に必要な歩行量
6. 日常生活に必要な歩行スピード
7. 筋力トレーニングの効果
8. ストレッチングの効果
9. まとめ

● 定価（本体3,400円+税）B5　頁260　2012年　ISBN 978-4-89590-407-0

お求めの三輪書店の出版物が小売書店にない場合は、その書店にご注文ください。お急ぎの場合は直接小社に。

〒113-0033
東京都文京区本郷6-17-9 本郷綱ビル
三輪書店
編集 ☎03-3816-7796　FAX 03-3816-7756
販売 ☎03-6801-8357　FAX 03-6801-8352
ホームページ：http://www.miwapubl.com

■ 知らず知らずのうちに危険な嚥下食になっていませんか?!

在宅生活を支える!
これからの新しい嚥下食レシピ

江頭 文江(地域栄養ケアPEACH厚木 代表)

地域に密着し、赤ちゃんから高齢者まで豊富な訪問栄養指導の経験を持つ著者が贈る、これからの新しい嚥下食レシピが誕生しました!

「入院前までは普通食を食べていたのに、入院したらミキサー食になってしまった」「食べる時間が1時間もかかってしまう」「食事中に激しくむせてしまう」「調理時間の短縮方法はないかしら」「お肉を安全に食べさせたい」
在宅で食べることに困っている方のこんな想いと疑問にすべて応えます! 安心して食べるための基礎知識、みんなが聞きたいQ&A、そして在宅ならではの調理の裏技も満載!
医療職、介護職、そしてご家族の方にも必読の一冊です。

■主な内容■

第1章 嚥下食! 常識のウソ! ホント!
Q1 きざみ食は嚥下食に適している?
Q2 飲み込み機能が低下した人にとって、一番飲み込みやすいのは「水のようなサラサラした液体」である?
Q3 とろみをつければ安全である?
Q4 嚥下食はおいしくない?

第2章 安心して食べるために 知っておきたい基礎知識
1. 口の働きを知る―食べる、しゃべる、息をする
2. 当たり前になっている「食べる」ということ ―体験してみよう
3. どうして飲み込みにくくなるのか
4. 飲み込む力はどのくらい?―見極めのポイント
5. おいしく食べる3要素
 ―料理、食べる機能や食環境、心身の安定と健康
6. おいしく食べる口作り
7. 食前の準備運動
8. 嚥下食って何がちがう?
9. 食べ方、食べさせ方のこんなコツ
10. 「むせ」と「詰まらせる」を混同していませんか?
 対処法を知っておこう
11. 誤嚥を防ぐ口腔ケア
12. 栄養や水分も過不足なく!

第3章 安心して食べるためのチェックリスト
1. 毎回食べる前に行いたいチェックリスト
2. 食べる機能の低下を早く発見するために、日頃から意識していたいチェックリスト

第4章 嚥下食作りのポイント
1. 飲み込みやすくするための調理の工夫
2. 切り方の工夫で噛みやすくする
3. 大きさではなくかたさに注意!
4. パサパサ料理は飲み込みにくい
5. 油脂を加えて口当たり滑らかに
6. つなぎの利用! 食塊をイメージしよう!
7. とろみをつける
8. 市販食品はこう扱う!
9. ミキサーの種類と扱い方のポイント
10. 目で見て食欲アップ! おいしく食べる

第5章 嚥下食レシピ
レシピNo.1 鶏団子の雑煮
レシピNo.2 パンプリン
レシピNo.3 あんかけチャーハン
レシピNo.4 白粥(のり佃)
レシピNo.5 れんこん焼売
レシピNo.6 牛肉の野菜巻き
レシピNo.7 豚肉の角煮
レシピNo.8 白身魚のかぼちゃ包み
レシピNo.9 鮭とホタテのテリーヌ
レシピNo.10 照り焼きハンバーグ
 &にんじんグラッセ
レシピNo.11 えびしんじょ
レシピNo.12 茶碗蒸し
レシピNo.13 温泉卵&わかめソース
レシピNo.14 ふろふき大根のツナ味噌
レシピNo.15 なす酢味噌和え
レシピNo.16 長いもサラダ
レシピNo.17 乾麺のゼリー寄せ
レシピNo.18 かぶの肉詰め
レシピNo.19 ひじきの白和え
レシピNo.20 トマトのフレンチサラダ
レシピNo.21 ほうれん草のごま和え
レシピNo.22 納豆のおろし和え
レシピNo.23 アボカドとまぐろのサラダ
レシピNo.24 いわしつみれ汁
レシピNo.25 ポタージュスープ
レシピNo.26 スイートポテト
レシピNo.27 ずんだもち風
レシピNo.28 りんごコンポート
レシピNo.29 豆乳プリン
レシピNo.30 お茶ゼリー

**第6章 こんなときどうする?
 みんなが聞きたいQ&A**
Q1 食材別に、使える食材とそうでない食材の選び方や具体的な調理の工夫を知りたいのですが…
Q2 毎食、お粥の炊き上がりが異なってしまいます
Q3 食べている途中でお粥が水っぽくなってしまいます
Q4 パンが好きなのですが、いい調理方法はありませんか?
Q5 麺類を食べたいのですが、何か良い方法はありますか?
Q6 魚はいつも食べにくい気がします。良い工夫はありますか?
Q7 肉を食べたいのですが、何か良い方法はありますか?
Q8 鶏団子がうまくまとまらないのですが、どうしてでしょうか?
Q9 とうがんをやわらかく煮たのに、かたいと言われてしまった。どうしてでしょうか?
Q10 ほうれん草や小松菜など葉ものの調理の工夫の仕方を教えてください
Q11 揚げ物を食べたいのですが、良い方法はありませんか?
Q12 ひじきなどの海藻類をどうやったら食べられるのでしょうか?
Q13 じゃがいもをつぶしただけでは、ボソボソするような気がします…
Q14 寿司を食べたいのですが、どうしたらいいですか?
Q15 果物が好きなのですが食べられる果物やその工夫の仕方を教えてください
Q16 パッククッキングって何ですか?
Q17 全然噛まないのですが、どうしてですか?
Q18 なかなか食事を食べてくれません

コラム① 電子レンジ、使いこなしていますか?
コラム② あると便利! 小さなヘラと小さな泡立て器
コラム③ ポーチドエッグ
コラム④ 日本人は麺類が大好き!
コラム⑤ 玉ねぎの使い方
コラム⑥ 練りごまの活用法
コラム⑦ おろし器
コラム⑧ アボカド
コラム⑨ ジャム
コラム⑩ プリンの話
コラム⑪ 甘くないお茶ゼリー

● 定価(本体1,800円+税) B5 頁128 2008年 ISBN 978-4-89590-312-7

お求めの三輪書店の出版物が小売書店にない場合は、その書店にご注文ください。 お急ぎの場合は直接小社に。

〒113-0033
東京都文京区本郷6-17-9 本郷綱ビル

三輪書店

編集 ℡03-3816-7796 FAX 03-3816-7756
販売 ℡03-6801-8357 FAX 03-6801-8352
ホームページ♪ http://www.miwapubl.com